À table, ensemble

75 recettes qui ravissent les grands et titillent les papilles des petits

Racine

Sommaire

Ensemble P.06

01 Printemps P.10

Apéro

Brochettes de légumes et de halloumi grillé P.12
Verrines de thon à l'estragon et légumes croquants P.14
Boulettes de sardines et sauce au yaourt P.16
Cocktail de fruits sans alcool, recette de Christopher P.18
Dip de petits pois P.20
Dip de céleri-rave P.21

Pique-nique printanier

Gaspacho d'asperges et toasts à l'ail des ours P.22
Salade de quinoa et de navets, pesto de cresson et brochettes P.24
Boulettes d'épinards, sauce au yaourt P.26
Toasts à la purée de poivrons et au rosbif P.28
Muffins aux fruits rouges, crumble de noisettes P.30
Salade de fruits, quinoa et lait d'amande P.32

Au quotidien, en famille

Tartines aux asperges et à la feta P.34
Porc effiloché aux abricots, courgettes et riz P.36
Crêpes aux épinards, saumon frais et sauce à l'aneth P.38
Côte à l'os, salade de fenouil et de pommes de terre à la ciboulette P.40
Tomates farcies au hachis d'agneau P.42
Fraises au sirop de rose, yaourt et crumble d'avoine et de pavot P.44
Douceur glacée amandes et noix de cajou, avec sa garniture cassis et chocolat P.46

02 Été

02 Été P.48

Brunch d'été

Muffins au bacon et aux patates douces, œufs au plat P.50
Gâteau à la semoule de maïs et confiture minute de fruits de saison P.52
Yaourt à la noix de coco et coulis de framboises à la menthe P.54
Radis sauce chèvre et ciboulette P.56
Pancakes, fraises et purée de noisettes P.58
Gaufres salées à la feta, aux courgettes et à la menthe, lamelles de poulet P.60
Œuf cocotte dans un champignon P.62
Eau aromatisée à la grenade, feuilles de menthe P.64
Café glacé au sirop d'orgeat P.65

Barbecue entre amis

Dip d'aubergines fumées et galettes à la farine de pois chiche P.66
Dip de betteraves, feta et mûres P.68
Salade de courgettes, noisettes grillées, parmesan et sa vinaigrette à l'huile de pépins de raisin P.70
Brochettes de poulet, bacon et pêches au sirop d'érable P.72
Brochettes de poisson, mangue, poivrons et chorizo, marinade au citron et à la coriandre P.74
Casarecce au pesto de roquette, aux pistaches et à la tomme de chèvre P.76
Salade de tomates cerises, dés de pastèque et huile de sésame P.78
Maïs grillé P.80
Abricots rôtis au miel, crème fouettée coco P.82
Pavlova et coulis de framboises P.84

03 Automne P.94

Petit-déjeuner & goûter

Pain et confiture minute aux graines de chia P.96
Biscuits aux noix et aux figues séchées P.98
Tarte aux noix de pécan et aux poires P.100
Crème d'amandes et de figues, pommes et myrtilles P.102
Porridge aux fruits et flocons d'avoine P.103

Brunch entre amis

Crêpes d'avoine P.104
Brioche au lait de noisette et aux pépites de chocolat P.106
Granola maison et yaourt P.108
Cake salé aux poireaux et au potimarron P.110
Toast avocat, dukkah et pousses de betteraves P.112
Œuf en ramequin, crème aux champignons P.114
Milk-shake bananes, châtaignes grillées et cacao cru P.116

Au quotidien, en famille

Velouté d'épinards et mouillettes au parmesan P.118
Purée de patates douces et de potimarron P.120
Risotto de chou-fleur, fricassée de champignons et sauce crue P.122
Pâtes au pesto de poivrons jaunes et aux brocolis P.124
Burger de poisson pané, sauce tartare maison P.126
Bouillon de céleri-rave et céleri vert, saucisses de Morteau P.128

04 Hiver P.130

Au quotidien, en famille

Hachis parmentier de veau, potimarron et pommes de terre P.132
Jambon snacké, lentilles aux choux de Bruxelles et crème moutardée P.134
Cookies à la clémentine, au cacao cru et à la poudre de noisettes P.136
Rosbif et stoemp aux carottes P.138
Casarecce aux champignons persillés et tomates confites, pavé de saumon P.140
Salade d'hiver au halloumi P.142
Gnocchis, crème de chicons et graines de fenouil P.144

Buffet d'anniversaire

Gâteau aux pommes, crème au mascarpone et purée de noisettes P.146

Biscuits aux flocons d'avoine P.148

Muffins minute à la clémentine P.150

Tarte aux poires et aux amandes P.152

Mousse au chocolat et à la pomme P.154

Smoothie banane-kiwi P.156

Sur le pouce

Pizza minute ricotta, jambon fumé, butternut et sauge P.158

Croque-monsieur revisité P.160

Soupe aux champignons et mouillettes au parmesan P.162

Hot-dogs revisités : compote de pommes, boudins blancs et oignons caramélisés P.164

Bâtonnets de quinoa à la betterave, sauce au yaourt P.166

Fish-sticks à la sauce au yaourt P.167

Les basiques

P.168

Dukkah P.168

Sauce au yaourt P.169

Purée de noisettes P.169

L'index

P.170

«Ensemble, dans la création d'un livre qui, au départ, n'était qu'une idée »

Dans ce livre, nous avons avant tout voulu mettre en lumière ces précieux moments de vie que nous connaissons tous autour d'une bonne table. Le plaisir des papilles est d'autant plus intense qu'il est partagé.

Nous sommes toutes deux attachées à la cuisine conviviale et familiale, aux grandes tablées autour desquelles les conversations se déroulent à bâtons rompus, aux brunchs du dimanche qui s'éternisent, aux barbecues qui rassemblent dès les premiers rayons de soleil, aux goûters d'hiver au coin du feu, bref, à tous ces moments de vie qui continueront d'exister sous la forme de délicieux et précieux souvenirs.

Les recettes de ce livre s'adressent à tous ceux qui apprécient les repas en famille et entre amis (enfants admis), et qui veulent découvrir et faire découvrir une cuisine gourmande, locale, de saison, bio, saine et « faite maison », sans se compliquer la vie pour autant.

Plus encore que la gourmandise, il y a dans ces recettes une volonté de partage, d' « ensemble », et c'est cette volonté qui est à l'origine du livre, dont l'écriture n'était d'abord qu'une simple idée, une envie qui nous trottait à toutes deux dans la tête.

La vie est faite de rencontres, et la nôtre en fait partie. Là où Meggan cuisine et crée des ambiances, Lindsay photographie, capture les instants et met en scène les recettes.

Grâce aux recettes de ce livre, nous espérons vous transmettre notre amour pour cette cuisine conviviale et familiale, et, surtout, vous inciter à multiplier ces moments de partage, si importants aujourd'hui.

Meggan & Lindsay

«Par amour du beau, du visuel, du papier et de la typographie»

Depuis toute petite, j'aime les jolies choses. Cela me fascine : les beaux objets, les beaux livres, le grain du papier sous les doigts.

L'un de mes rêves était de réaliser un livre. Pas de l'écrire mais de lui donner « vie ». C'est par amour du visuel, du papier et de la typographie que je souhaitais créer un bel objet où le choix du contenu et de l'histoire derrière la mise en page prendrait tout son sens.

J'ai la chance d'être graphiste et de m'occuper de la mise en page d'une grande variété de projets, pour des clients qui me font confiance. Mais aujourd'hui, je voulais aussi faire cela pour moi. Pour ce livre. La créativité est ce qui me nourrit chaque jour. Cela me paraissait donc évident de le faire pour ... un livre de cuisine !

Dans ce livre, j'ai pu laisser libre cours à ma créativité. J'ai pris plaisir à choisir la typographie, le papier, à construire la mise en page, à mettre en forme la couverture. À chaque page j'ai donné toute mon énergie pour sublimer les recettes de Meggan. Ce livre, nous l'avons fait à quatre mains, quatre mains qui se complètent. Le titre *À table, ensemble* s'est alors présenté comme une évidence : « ensemble » dans la création, « ensemble » dans ces projets que nous menons ensemble depuis des années, « ensemble » dans l'amitié, « ensemble » dans le partage de la table, évidemment !

Avec ce livre, j'espère que, comme nous, vous partagerez des rires et des moments de joie, autour d'un savoureux repas et avec les gens que vous aimez.

Lindsay

J'adore lire des recettes comme on lit un roman. M'y plonger, apprendre, m'inspirer ! C'est devenu un rituel qui m'apaise, me nourrit, aussi étrange que cela puisse paraître ! Dans ce livre, vous retrouverez des recettes pour la vie de tous les jours, mais aussi des recettes pour vos moments ensemble entre amis ou en famille, entre grands et petits.

Ces recettes, j'ai voulu vous les partager par saison. En consommant de saison, on privilégie un rythme plus naturel. Avouons-le, on a rarement envie d'une glace en hiver ou d'une carbonade mijotée en été ! J'affectionne la cuisine de saison pour plusieurs raisons :

Pour le goût : une tomate qui s'est gorgée de soleil et de chaleur, c'est une tomate qui explose de saveurs en bouche.

Pour l'équilibre : si l'on respecte les saisons, les aliments sont remplis de vitamines et de minéraux qui répondent à nos besoins nutritionnels. Cela permet aussi de diversifier nos repas tout au long de l'année.

Pour l'environnement : cela permet d'éviter une production massive et non-respectueuse de l'environnement, de privilégier les circuits courts afin de minimiser notre impact sur la planète.

Pour les besoins de ce livre, j'ai consulté le Docteur Gosselin, pédiatre. Grâce à ses conseils, vous retrouverez mes notes en bas de page qui vous proposent des variantes possibles et vous donnent des informations nutritionnelles pour mieux comprendre ce qu'il y a dans votre assiette.

Mais, ces recettes, j'ai également voulu vous les partager en lien avec des moments de vie. Qui n'a pas envie de lancer des invitations barbecue aux premiers rayons de soleil ? Les repas partagés ensemble, année après année, et autour desquels on voit se fêter des diplômes, naître des familles, grandir des enfants... rythment notre vie.

Meggan

«Ensemble, c'est petits et grands»

01

Printemps

Au printemps, on a envie de fraîcheur, de peps et de légèreté dans l'assiette.

On retrouve pêle-mêle les premières asperges et les premiers radis, les jeunes pousses vertes et le goût subtil des fraises.

Ce sont les premiers apéros au soleil et pique-niques dans l'herbe.

01

4 PERSONNES

TEMPS TOTAL : 20 MINUTES

Brochettes de légumes et de halloumi grillé

Ingrédients

2 oignons rouges

8 champignons châtaignes

1 poivron jaune

250 g de halloumi

½ c. à café de paprika fumé

2 citrons jaunes

Sel et poivre

Étapes

- Si vous utilisez des piques à brochettes en bois, faites-les tremper dans l'eau pendant au moins 30 minutes pour éviter qu'elles ne brûlent durant la cuisson.
- Coupez le citron en quatre quartiers. Taillez le poivron en carrés, les champignons en quatre et le halloumi en dés.
- Coupez l'oignon rouge en deux, puis en lamelles épaisses.
- Placez tous les légumes dans un cul-de-poule avec le jus de citron, un filet d'huile d'olive, du sel et du poivre.
- Mélangez délicatement. Montez les brochettes en alternant de façon élégante l'oignon rouge, les champignons, les poivrons, un quartier de citron et un dé de halloumi.
- Saupoudrez de paprika fumé et faites cuire à feu moyen-vif sur chacune des faces durant 2 à 3 minutes.
- Servez immédiatement.

BON À SAVOIR

Le halloumi a la particularité de ne pas se modifier à la cuisson. De ce fait, il peut être frit, grillé ou mélangé à d'autres ingrédients sans souci. En été, vous pouvez même le cuire au barbecue.

01

4 PERSONNES

TEMPS TOTAL : 15 MINUTES

Verrines de thon à l'estragon et légumes croquants

Ingrédients

POUR 8 À 12 VERRINES

300 g de thon au naturel

5 c. à soupe de mayonnaise maison

3 à 5 branches d'estragon

½ oignon rouge

1 filet d'huile de sésame

Sel et poivre

POUR UN BOL DE MAYONNAISE

1 c. à soupe de moutarde

1 jaune d'œuf

± 20 cl d'huile d'arachide

1/2 c. à café de vinaigre de vin blanc (ou de jus de citron)

1/2 échalote ciselée (facultatif)

Sel et poivre

ACCOMPAGNEMENT

Crudités au choix

Étapes

- Égouttez le thon.
- Préparez la mayonnaise : à l'aide d'un fouet, mélangez un jaune d'œuf avec une cuillère à soupe de moutarde. Versez petit à petit l'huile d'arachide, en filet, tout en continuant à fouetter pour obtenir une bonne consistance. Vous obtiendrez l'équivalent d'un petit bol. Salez, poivrez et ajoutez le vinaigre de vin blanc ainsi que de l'échalote ciselée si vous aimez ça. Vous pouvez remplacer le filet de vinaigre par un filet de jus de citron.
- Lavez et ciselez l'estragon. Épluchez et hachez finement l'oignon rouge.
- Dans un bol, mélangez le thon avec la mayonnaise maison et l'estragon ciselé. Salez et poivrez.
- Ajoutez l'oignon rouge finement haché (en fonction du goût désiré), versez un léger filet d'huile de sésame et mélangez.
- Répartissez la préparation dans de petites verrines.
- Servez sur des bruschettas ou accompagnez de crudités.

BON À SAVOIR

De tous les poissons, le thon en conserve est le plus riche en protéines. Cela peut être très intéressant pour les adolescents qui en ont grand besoin. Privilégiez le thon au naturel, dans l'eau plutôt que dans l'huile, afin de limiter les apports en gras et en sodium.

4 PERSONNES

TEMPS TOTAL : 25 MINUTES

Boulettes de sardines et sauce au yaourt

Ingrédients

POUR 10-12 PETITES CROQUETTES

- 250 g de sardines
- Jus d'½ citron
- 1,5 c. à soupe de mayonnaise maison
- 1 c. à café de sauce chili
- 1 poignée de ciboulette fraîche ciselée
- 1 œuf
- ¼ de gousse d'ail
- 7 c. à soupe de chapelure complète
- 2 c. à soupe de coriandre fraîche ciselée
- 1 citron (pour le service)
- 1 ou 2 c. à soupe de farine
- Sel et poivre

POUR LA SAUCE

- Sauce au yaourt (voir p.169)

POUR LA CUISSON

- Huile neutre
- Sel et poivre

Étapes

- Ouvrez les conserves de sardines, videz le jus et pressez les sardines pour enlever un maximum d'huile.
- Mettez les sardines dans un grand bol et ajoutez tous les ingrédients sauf l'œuf.
- À part, battez l'œuf et versez-le en petite quantité sur la préparation (l'œuf entier ne sera peut-être pas nécessaire). La préparation ne doit pas être trop humide pour éviter que les boulettes ne se cassent à la cuisson. Ajoutez 1 à 2 cuillères à soupe de farine.
- Formez des petites boulettes d'environ 3 centimètres de diamètre et mettez-les au frigo pendant une demi-heure (si les boulettes ne tiennent pas, ajoutez un peu de chapelure ou de farine).
- Dans une poêle, faites chauffer une bonne dose d'huile neutre (environ 1 centimètre). Faites dorer les boulettes dans la poêle jusqu'à l'obtention d'une belle coloration.
- Déposez les boulettes sur du papier absorbant avant de servir. Servez avec un filet de jus de citron et la sauce au yaourt en accompagnement.

BON À SAVOIR

La sardine est un aliment intéressant, surtout pour un jeune enfant, car elle est riche en protéines, en oméga-3, en vitamine D, en fer, en calcium, en zinc, en sélénium, en iode et en de nombreuses vitamines du groupe B.

4 PERSONNES

TEMPS TOTAL : 5 MINUTES

Cocktail de fruits sans alcool, recette de Christopher

Ingrédients

30 ml de jus de pomme

30 ml de jus de canneberge

35 ml de jus de citron vert
+ 1 citron pour la décoration

12 ml de sirop de sureau

1 poignée de feuilles de menthe

Étapes

- Mettez l'ensemble des ingrédients dans un shaker avec des glaçons.
- Secouez longtemps et fort pour que les glaçons cassent les feuilles de menthe.
- Passez le mélange au tamis avant de le servir. Cela permet de retirer les petits morceaux de menthe déchirés. C'est plus esthétique et agréable à la dégustation.
- Versez le mélange dans un grand verre avec quelques glaçons et décorez d'une branche de menthe ou de rondelles de citron vert.

BON À SAVOIR

Pour une option alcoolisée, vous pouvez ajouter une lichette de rhum brun.

4 PERSONNES

TEMPS TOTAL : 20 MINUTES

Dip de petits pois

Ingrédients

POUR UN BOCAL

- 500 g de petits pois surgelés
- 250 g de ricotta
- ½ gousse d'ail
- 3 c. à soupe d'huile d'olive
- 1 c. à soupe d'huile de sésame
- Jus d'1 citron jaune
- 1 c. à café de bouillon de légumes en poudre ou en cube
- Eau
- Quelques feuilles de menthe fraîche (suivant le goût recherché)
- Sel et poivre

Étapes

- Faites cuire vos petits pois dans un volume d'eau avec le bouillon, suivant votre goût, de 12 à 15 minutes. Après cuisson, passez-les sous l'eau froide pour stopper la cuisson, garder leur belle couleur verte et les refroidir.
- Mettez l'ensemble des ingrédients dans le bol d'un mixeur. Mixez jusqu'à l'obtention de la texture souhaitée. Au besoin, ajoutez petit à petit un peu d'eau.
- Goûtez et rectifiez l'assaisonnement au besoin.

BON À SAVOIR

Astuce de grand-mère : quelques minutes avant la fin de la cuisson des petits pois, ajoutez 1 cuillère à café de bicarbonate alimentaire dans l'eau. Cela permet de fixer la couleur. Trempez-les ensuite dans l'eau froide pour stopper la cuisson.

01

4 PERSONNES

TEMPS TOTAL : 65 MINUTES

Dip de céleri-rave

Ingrédients

- 400 g de céleri-rave
- 30 g de graines de courge
- 30 g de graines de tournesol
- 1 échalote
- 1 gousse d'ail
- 1 citron jaune
- 1 c. à soupe de crème de sésame
- 1 c. à café de graines de cumin
- Sel, poivre et huile d'olive

Étapes

- Préchauffez le four à 160°C. À noter que vous pouvez également cuire votre céleri-rave à la vapeur.
- Épluchez et coupez le céleri en cubes. Disposez les cubes dans un plat allant au four, arrosez d'un généreux filet d'huile d'olive, saupoudrez de graines de cumin. Salez, poivrez et mélangez bien pour enrober les cubes. Ajoutez l'ail entier écrasé et enfournez 40 à 60 minutes (en fonction de votre four). La pointe d'un couteau doit pénétrer facilement le céleri. 10 minutes avant la fin de la cuisson, ajoutez la moitié des graines pour les torréfier.
- Dans un blender, mixez le céleri avec l'ail, la purée de sésame, un filet d'huile d'olive et l'ensemble des graines (conservez l'équivalent d'une cuillère à soupe pour la décoration).
- Ajustez la texture de votre dip en rajoutant un peu d'eau si nécessaire. Arrosez d'un filet de jus de citron, goûtez et rectifiez l'assaisonnement au besoin. Vous pouvez même y ajouter un filet d'huile de truffe. Réservez au frais au moins 1 heure avant de déguster. Servez le dip en l'arrosant d'un filet de très bonne huile d'olive et décorez de quelques graines de courge et de tournesol torréfiées.

BON À SAVOIR

Dans cette recette, vous torréfiez la moitié des graines (courge et tournesol) pour le goût mais pas l'autre moitié, ce qui permet d'en préserver les apports.

01

4 PERSONNES

TEMPS TOTAL : 35 MINUTES

Gaspacho d'asperges et toasts à l'ail des ours

Ingrédients

POUR LE GASPACHO

- 1 kg d'asperges blanches
- 2 échalotes
- 1 filet d'huile d'olive
- 1 c. à soupe de bouillon de légumes en poudre
- Sel et poivre

POUR LES TOASTS À L'AIL

- Pain
- 300 g de noix de cajou
- 150 g de feuilles d'ail des ours
- 1 petit piment (facultatif)
- Jus d'1 citron et demi
- ± 15 c. à soupe d'huile d'olive
- 1,5 c. à soupe d'eau

Étapes

- Pelez les tiges des asperges à l'aide d'un économe. Rincez-les et coupez-les en tronçons. Pelez et émincez les échalotes. Chauffez l'huile d'olive dans une cocotte et faites revenir les échalotes jusqu'à ce qu'elles soient translucides.
- Ajoutez les tronçons d'asperges et couvrez d'eau à hauteur. Salez, poivrez et ajoutez le bouillon en poudre.
- Laissez cuire 10 à 15 minutes, jusqu'à ce que la pointe d'un couteau pénètre facilement dans l'asperge.
- Mixez en ajoutant de l'eau au besoin, jusqu'à l'obtention de la consistance souhaitée.
- Placez au frais au moins 4 heures avant de servir.

PRÉPARATION DU PESTO

- Lavez soigneusement les feuilles d'ail des ours. Faites griller les noix de cajou jusqu'à l'obtention d'une belle couleur dorée. Laissez-les refroidir. Le principe est assez simple : placez l'ensemble des ingrédients hormis l'eau dans un bol et mixez jusqu'à ce que la pâte soit homogène. Ajoutez ensuite l'eau en filet pour obtenir une belle consistance. Goûtez et rectifiez l'assaisonnement au besoin.
- Faites griller le pain et tartinez-le de pesto

BON À SAVOIR

L'ail des ours est une plante de sous-bois au goût subtil d'ail. Sa saison de récolte est très courte, de mars à avril. Le pesto se congèle facilement pour prolonger le plaisir et convient parfaitement avec des pâtes ou sur un toast au chèvre...

01

4 PERSONNES

TEMPS TOTAL : 30 MINUTES

Salade de quinoa et de navets, pesto de cresson et brochettes

Ingrédients

POUR LA SALADE

- 300 g de quinoa
- 3 navets
- 6 brochettes d'agneau
- 1 c. à soupe de bouillon en poudre
- ½ citron

POUR LE PESTO DE CRESSON

- 2 bottes de cresson
- 100 ml d'huile d'olive extra vierge
- 125 g de pignons de pin
- 100 g de parmesan
- ½ citron
- 1 gousse d'ail
- Sel et poivre

Étapes

- Rincez le quinoa et égouttez-le. Dans une casserole, ajoutez 4 fois son volume d'eau et faites-le cuire avec un peu de bouillon, à feu moyen pendant 12-15 minutes, jusqu'à ce que des alvéoles se détachent de la graine et que celle-ci ne soit plus croquante. Couvrez et réservez.
- Pendant ce temps, préparez le pesto. Dans une poêle, à sec, faites torréfier les pignons de pin quelques minutes à feu moyen. Laissez refroidir.
- Rincez le cresson et coupez-le grossièrement.
- Versez les pignons de pin, le parmesan et le cresson dans un mixeur. Mixez par petits coups (pour ne pas perdre la texture du pesto) jusqu'à l'obtention d'une première pâte grossière. Ajoutez le jus de citron et délayez progressivement avec l'huile d'olive. Goûtez, poivrez et rectifiez l'assaisonnement en sel au besoin.
- Épluchez et râpez les navets, arrosez-les d'un filet de jus de citron.
- Mélangez le quinoa avec les navets râpés et le pesto de cresson.
- Faites cuire les brochettes d'agneau dans une poêle avec un peu de matière grasse, 4 minutes de chaque côté, et servez.

BON À SAVOIR

Le quinoa est parfaitement adapté aux personnes intolérantes au gluten. Il est important de le rincer avant de le mettre en cuisson car les graines de quinoa sont entourées de molécules naturelles : les saponines. Elles ne sont pas toxiques pour l'être humain mais elles peuvent donner un goût amer à votre plat ! Pour ce faire : placez le quinoa dans un chinois et frottez-le avec vos mains sous un filet d'eau froide pendant quelques minutes. Vous verrez alors se former une mousse : c'est tout à fait normal et prouve que votre quinoa est désormais bien rincé.

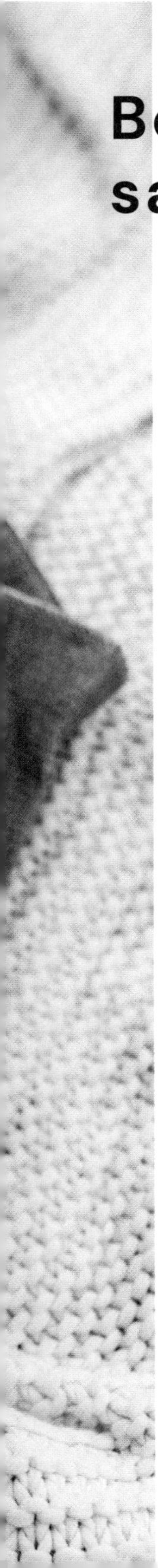

4 PERSONNES

TEMPS TOTAL : 25 MINUTES

Boulettes d'épinards, sauce au yaourt

Ingrédients

POUR LES BOULETTES

- 500 g d'épinards frais
- 2 œufs battus
- ½ gousse d'ail en purée
- 100 g de chapelure
- 50 g de parmesan râpé
- ¼ c. à café de noix de muscade
- ¼ c. à café de curry
- Sel, poivre et huile d'olive

POUR LA SAUCE

Sauce au yaourt
(voir p.169)

Étapes

- Lavez les épinards et plongez-les dans une casserole d'eau bouillante salée afin de les blanchir 2-3 minutes.
- Égouttez-les et essorez-les. Pour les essorer, pressez-les entre vos mains.
- Dans un saladier, déposez les épinards finement coupés, ajoutez le parmesan, la chapelure, l'ail, les épices et enfin les œufs.
- Mélangez le tout jusqu'à l'obtention d'une consistance homogène. Si le mélange est trop humide, ajoutez un peu de chapelure ou de parmesan suivant ce qu'il vous reste.
- Dans une poêle, versez généreusement l'huile d'olive. Formez des petites boulettes de la taille d'une noix. Faites revenir les boulettes dans l'huile d'olive chaude pendant 4-5 minutes jusqu'à ce qu'elles deviennent dorées.
- Égouttez-les sur du papier absorbant ou sur un linge propre et sec.
- Servez avec la sauce au yaourt.

BON À SAVOIR

Les épinards sont de saison au printemps, mais cette recette peut tout aussi bien être réalisée en été avec de la courgette râpée et égouttée.

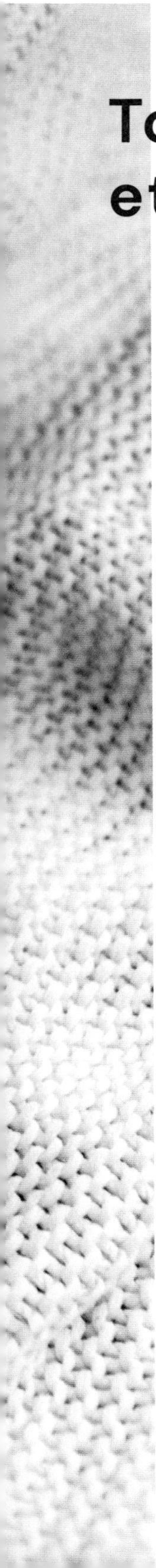

01

4 PERSONNES   TEMPS TOTAL : 60 MINUTES

Toasts à la purée de poivrons et au rosbif

Ingrédients

4 poivrons rouges

1 oignon rouge

1 c. à café de graines de cumin

½ c. à café de paprika fumé

1 gousse d'ail

½ botte d'herbes : coriandre, persil plat...

400 g de rosbif

Pain

Étapes

- Préchauffez le four à 200°C.
- Salez et poivrez le rosbif, puis colorez-le sur toutes ses faces à feu vif dans une poêle avec un filet d'huile d'olive. Une fois le four chaud, placez votre rosbif dans un plat allant au four pour une cuisson de 15 minutes. Réservez à couvert.
- Fendez les poivrons en deux, ôtez les pédoncules et les parties blanches à l'intérieur (pour éviter l'amertume). Lavez-les et déposez-les sur une plaque de cuisson, la peau vers le dessus. Arrosez d'un filet d'huile d'olive, ajoutez la gousse d'ail juste écrasée.
- Enfournez dans un four préchauffé à 200°C pendant une trentaine de minutes. Mettez la plaque de cuisson le plus près possible des résistances du four. Quand la peau des poivrons commence à cloquer et à noircir, c'est prêt.
- Pendant ce temps, faites griller les graines de cumin dans une poêle à sec pour développer les arômes.
- Sortez les poivrons du four, laissez-les refroidir à couvert durant 15 à 20 minutes. Cela permet de créer de la condensation pour que la peau s'enlève plus facilement.
- Retirez la peau des poivrons, et placez-les dans un mixeur avec un filet d'huile d'olive, les graines de cumin torréfiées et le paprika fumé. Salez, poivrez et mixez jusqu'à l'obtention d'une texture homogène. Ajoutez un filet d'eau au besoin. Goûtez et rectifiez l'assaisonnement.
- Ciselez les herbes et ajoutez-les à la purée de poivrons.
- Coupez finement le rosbif.
- Toastez quelques tranches de pain, tartinez-les de purée de poivrons et ajoutez une fine tranche de viande.

BON À SAVOIR
Vous pouvez également opter pour une cuisson vapeur des poivrons durant 20 minutes. À noter qu'enlever la peau des poivrons les rend plus faciles à digérer.

01

4 PERSONNES

TEMPS TOTAL : 60 MINUTES

Muffins aux fruits rouges, crumble de noisettes

Ingrédients

POUR LES MUFFINS

- 180 g de farine
- 150 g de sucre de canne
- 2 c. à café de poudre à lever
- 3 c. à soupe de beurre fondu
- 250 g de yaourt végétal
- 1 œuf
- 200 g de fruits rouges

POUR LE CRUMBLE

- 30 g de farine
- 30 g de sucre de canne
- 30 g de beurre pommade
- 40 g de noisettes grossièrement concassées

Étapes

- Préchauffez le four à 180°C. Beurrez et farinez les moules à muffins.
- Dans un bol, mélangez la farine, le sucre, le sel et la poudre à lever puis réservez.
- Dans un autre bol, mélangez le beurre fondu, le yaourt et l'œuf. Versez petit à petit les ingrédients secs dans l'appareil, puis mélangez.
- Ajoutez les fruits rouges, répartissez la préparation dans les moules à muffins à deux tiers de hauteur.
- Préparez le crumble en mélangeant à la main les ingrédients.
- Déposez un peu de crumble sur chaque muffin et enfournez pendant 35 à 45 minutes.
- Laissez refroidir avant de déguster.

BON À SAVOIR

N'hésitez pas à préparer les muffins à l'avance. La pâte se congèle crue et le muffin cuit peut également être congelé. Pour qu'il retrouve son croustillant, laissez-le décongeler complètement puis repassez-le au four durant 5 minutes.

4 PERSONNES

TEMPS TOTAL : 20 MINUTES

Salade de fruits, quinoa et lait d'amande

Ingrédients

POUR LA SALADE DE FRUITS

1 barquette de fraises

1 pomme

300 g de rhubarbe

50 g de quinoa 3 couleurs cuit

Jus d'½ citron jaune

1 c. à café de noix de coco râpée par personne

POUR LE LAIT D'AMANDE

70 ml de lait

70 ml de lait d'amande

1 c. à soupe et demie de purée d'amandes blanches

½ c. à soupe de miel liquide

¼ de gousse de vanille ou 2 gouttes d'extrait de vanille

Étapes

- Nettoyez la rhubarbe et coupez-la en petits tronçons. Faites-les pocher 15 minutes dans une casserole d'eau bouillante.
- Pendant ce temps, nettoyez et coupez les fraises en quatre et les pommes en petits dés. Arrosez les pommes de jus de citron. Mélangez les fruits dans un saladier, ajoutez le quinoa et mélangez à nouveau.

PRÉPAREZ LE LAIT D'AMANDE

- Mixez les laits avec la purée d'amande, le miel et la vanille grattée ou l'extrait de vanille.
- Juste avant de servir, versez un peu de cette préparation dans chaque ramequin puis parsemez de noix de coco râpée.

BON À SAVOIR

Cette recette convient également au goûter. Le quinoa apaise votre faim tandis que les fruits et le coulis apportent la gourmandise attendue. N'hésitez pas à varier les laits et les fruits en fonction de la saison : par exemple en hiver, essayez une salade de pommes et de poires avec un coulis au lait de noisette.

4 PERSONNES

TEMPS TOTAL : 15 MINUTES

01

Tartines aux asperges et à la feta

Ingrédients

POUR LES TARTINES

- 12 asperges vertes
- 4 à 6 tranches de pain au levain
- 1 filet d'huile d'olive

POUR LA FETA FOUETTÉE

- 200 g de feta
- 80 g de crème fraîche
- 1 filet de jus de citron
- 1 filet d'huile d'olive
- Poivre

Étapes

- Mixez l'ensemble des ingrédients pour préparer la feta fouettée.
- Rincez les asperges et coupez l'extrémité des tiges fibreuses.
- Dans un filet d'huile d'olive, poêlez-les à feu moyen-vif. Quand elles sont légèrement colorées, retirez-les du feu. Salez légèrement et poivrez. Réservez au chaud.
- Faites griller légèrement les tranches de pain, tartinez-les de crème de feta et servez avec une salade de saison.

BON À SAVOIR

L'asperge participe efficacement aux fonctions d'élimination de l'organisme grâce à ses fibres qui aident au bon fonctionnement intestinal et à ses composés diurétiques qui facilitent le travail rénal.

Pour conserver plus longtemps vos asperges crues, enveloppez la botte dans un linge humide et placez-la au frigo.

4 PERSONNES

TEMPS TOTAL : 6 HEURES

Porc effiloché aux abricots, courgettes et riz

Ingrédients

POUR LE PORC EFFILOCHÉ

900 g de rôti d'épaule de porc

125 ml de ketchup

70 ml de jus de pomme

1 c. à soupe de moutarde à l'ancienne

2 c. à soupe de sucre de canne roux

1 c. à soupe de sauce Worcestershire

1 c. à soupe de paprika fumé

1 c. à soupe d'origan séché

2 gousses d'ail

4 abricots séchés

Sel, poivre et huile d'olive

POUR L'ACCOMPAGNEMENT

400 g de courgettes

180 g de riz jasmin

1 gousse d'ail

2 oignons verts

Sel, poivre et huile d'olive

Étapes

- Préchauffez le four à 110 °C.
- Coupez les abricots séchés en petits dés. Mélangez tous les ingrédients pour le porc effiloché dans une cocotte. Ajoutez le rôti et enrobez-le de sauce. Salez et poivrez. Fermez la cocotte et enfournez 5 à 6 heures à 110°C. Tournez la pièce de viande plusieurs fois au cours de la cuisson.
- Dans une casserole moyenne, ajoutez le riz et deux fois et demie son volume en eau, puis couvrez et portez à ébullition à feu vif. Lorsque l'eau bout, ajoutez le riz, puis baissez à feu doux. Couvrez et laissez cuire jusqu'à ce que le riz soit tendre et que l'eau soit absorbée, environ 15 à 20 minutes.
- Coupez la courgette en deux sur la longueur, puis en demi-lunes d'1 centimètre d'épaisseur. Émincez les oignons verts. Pelez, puis pressez l'ail. Dans une poêle, faites revenir les rondelles de courgette dans un filet d'huile d'olive avec l'ail et la moitié des oignons verts.
- Mélangez les courgettes avec le riz et l'autre moitié des oignons verts. Retirez la viande de la cocotte. À l'aide d'une fourchette, effilochez-la puis remettez-la dans la cocotte pour qu'elle se gorge de sauce. Servez le riz avec le porc effiloché.

BON À SAVOIR

L'abricot séché est une excellente source d'énergie, de fer et de cuivre. Il est aussi très riche en vitamine A et en fibres. Privilégiez les abricots séchés de couleur brune, c'est signe qu'il n'y a pas eu de traitement au sulfite pour maintenir leur jolie couleur orange.

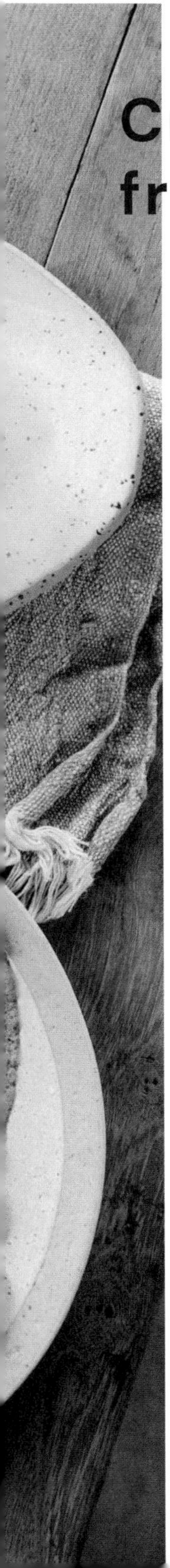

01

4 PERSONNES

TEMPS TOTAL : 20 MINUTES

Crêpes aux épinards, saumon frais et sauce à l'aneth

Ingrédients

POUR LES CRÊPES

- 2 œufs
- 120 g de yaourt de chèvre
- 1 c. à soupe de miel
- 180 ml de lait de chèvre
- 300 g de jeunes pousses d'épinards
- ½ c. à café de bicarbonate alimentaire
- 1 noix de beurre
- 140 g de farine tout usage
- 1 pincée de sel

POUR LA GARNITURE

- 12 tranches de saumon fumé
- 1 citron coupé en quartiers
- Aneth frais en petits bouquets
- Ciboulette ciselée
- 150 g de yaourt de chèvre frais
- ½ c. à café de bicarbonate alimentaire

Étapes

- Mixez l'ensemble des ingrédients pour les crêpes jusqu'à l'obtention d'une pâte homogène.
- Faites chauffer une poêle et enduisez-la d'un peu de beurre. Versez le mélange et faites cuire jusqu'à ce que le dessus de la crêpe soit coloré.
- Poursuivez la cuisson pendant quelques secondes, puis répétez l'opération pour toute la pâte. Réservez au chaud.
- Dans un bol, mélangez le yaourt de chèvre avec l'aneth et la ciboulette ciselée, ajoutez un filet de jus de citron, salez et poivrez.
- Garnissez les crêpes d'un peu de sauce au yaourt, de tranches de saumon fumé et d'herbes fraîches.

BON À SAVOIR

Frais ou fumé, ce poisson est une excellente source d'oméga-3, de vitamines B12 et D. L'aneth étant une herbe au goût un peu fort, vous pouvez préférer servir avec un fromage de chèvre frais.

4 PERSONNES

TEMPS TOTAL : 35 MINUTES

Côte à l'os, salade de fenouil et de pommes de terre à la ciboulette

Ingrédients

900 g de pommes de terre grenaille

1 bulbe de fenouil et ses feuilles

1 citron jaune

1 côte à l'os épaisse pour 4 personnes

1 c. à soupe de miel

Sel, poivre et huile d'olive

Étapes

- Sortez la viande du frigo une heure à l'avance afin qu'elle soit à température ambiante.
- Lavez bien les pommes de terre sans les peler. Mettez-les dans une casserole d'eau salée et mettez-les à cuire jusqu'à ce que la pointe d'un couteau y pénètre facilement. Égouttez-les lorsqu'elles sont cuites.
- Pendant la cuisson des pommes de terre, lavez le fenouil et coupez-le en fines lamelles ou émincez-le à l'aide d'une mandoline. Gardez les feuilles ainsi que les tiges fines, et ciselez-les finement.
- Badigeonnez la viande de miel, salez et poivrez.
- Utilisez une poêle à fond épais de la taille de la viande pour que la chaleur se répartisse uniformément. Faites chauffer à feu vif. Ajoutez un trait d'huile d'olive, baissez légèrement le feu et saisissez la viande environ 2 à 3 minutes de chaque côté. Ensuite, baissez le feu et laissez-la cuire jusqu'à ce que vous obteniez la cuisson souhaitée.
- Après la cuisson, recouvrez la côte à l'os et laissez-la reposer 15 minutes pour rendre la viande plus tendre. Profitez-en pour couper les pommes de terre en en deux ou en quatre.
- Lavez le citron et prélevez quelques zestes à l'aide d'une râpe fine, environ une demi-cuillère à café.
- Dans un bol, pressez le citron, salez, poivrez et incorporez 4 cuillères à soupe d'huile d'olive. Mélangez bien et ajoutez les zestes.
- Dans un saladier, rassemblez les morceaux de pommes de terre et le fenouil. Arrosez de sauce, parsemez de feuilles de fenouil ciselées et accompagnez de la côte à l'os tranchée.

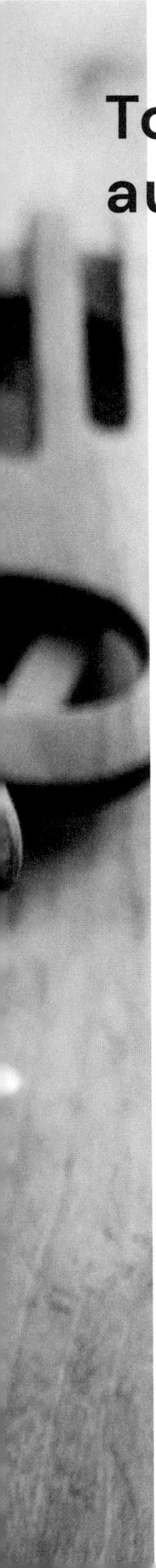

01

4 PERSONNES

TEMPS TOTAL : 50 MINUTES

Tomates farcies au hachis d'agneau

Ingrédients

POUR UNE DOUZAINE DE TOMATES FARCIES

1 kg de merguez d'agneau

12 tomates

1 bouquet de persil

1 oignon

2 gousses d'ail

4 c. à soupe de riz

1 salade

Étapes

- Préchauffez le four à 180°C.
- Lavez les tomates. Découpez un chapeau et videz-les en vous aidant d'une cuillère parisienne. Conservez l'intérieur des tomates.
- Pelez l'ail et l'oignon, lavez le persil.
- Mettez le tout dans le robot et hachez finement.
- Récupérez la viande des merguez. Mélangez-la à la préparation persillée et à la chair des tomates.
- Dans chaque tomate évidée, disposez quelques grains de riz qui absorberont le jus. Ensuite, garnissez de farce.
- Enfournez pour 40 minutes de cuisson.
- Lavez la salade.
- Servez les tomates farcies avec la salade.

BON À SAVOIR

Cette recette peut également être réalisée avec des poivrons, des courgettes rondes, de l'oignon rouge et différentes variétés de viande.

01

4 PERSONNES

TEMPS TOTAL : 35 MINUTES

Fraises au sirop de rose, yaourt et crumble d'avoine et de pavot

Ingrédients

POUR LES VERRINES

- 1 barquette de fraises
- 75 g de sucre en poudre
- 250 ml d'eau
- 1 c. à soupe d'eau de rose
- 500 g de yaourt au choix

POUR LE CRUMBLE

- 60 g de beurre pommade
- 50 g de sucre de canne
- 35 g de farine
- 35 g de flocons d'avoine
- 2 c. à soupe de graines de pavot

Étapes

- Préchauffez le four à 180°C.
- Préparez le sirop de rose. Dans une casserole, faites chauffer l'eau et le sucre jusqu'à l'obtention d'un mélange sirupeux. Laissez refroidir puis ajoutez l'eau de rose.
- Dans un saladier, coupez les fraises en quatre et arrosez-les de sirop de rose.
- Pendant ce temps, préparez le crumble en mélangeant du bout des doigts l'ensemble des ingrédients jusqu'à l'obtention d'une pâte homogène et friable. Disposez le crumble sur une plaque de cuisson et enfournez 20 à 25 minutes en prenant soin de mélanger de temps en temps.
- Disposez un peu de yaourt dans de jolis contenants. Ajoutez ensuite un peu de crumble, des fraises au sirop et saupoudrez à nouveau de crumble.

BON À SAVOIR

L'eau de rose ou hydrolat de rose est un liquide que l'on obtient en distillant des pétales de roses. Vous pouvez l'utiliser pour agrémenter vos desserts ou vos boissons.

4 PERSONNES

TEMPS TOTAL : 20 MINUTES

01

Douceur glacée amandes et noix de cajou, avec sa garniture cassis et chocolat

Ingrédients

POUR LA BASE

80 g d'amandes

80 g de noix de cajou

10 dattes dénoyautées

1 c. à café d'huile de coco

POUR LA GARNITURE

2 c. à soupe de yaourt de chèvre

160 g de cassis

Jus d'¼ de citron

2 à 3 feuilles de menthe fraîche

1 c. à soupe de sirop d'érable

50 g de chocolat noir à 75 % de cacao

Étapes

- La veille, faites tremper vos amandes et noix de cajou dans de l'eau.
- Le lendemain, égouttez vos noix puis ajoutez dans le bol d'un mixeur tous les ingrédients pour la base. Mixez jusqu'à l'obtention d'une pâte homogène.
- Disposez cette base dans le fond de chaque moule en silicone.
- Faites fondre le chocolat et versez-le sur la base. Placez au congélateur le temps de préparer la garniture.
- Reprenez le bol du mixeur, déposez-y tous les ingrédients pour la garniture en conservant quelques cassis pour la décoration. Mixez afin d'obtenir une consistance lisse et onctueuse.
- Versez la préparation sur la base avec le chocolat, décorez de quelques cassis puis placez le moule au congélateur pendant au moins 5 heures. Veillez à couvrir d'un film alimentaire pour éviter que la préparation prenne le goût ambiant.
- Démoulez votre dessert 5 minutes avant de servir. N'hésitez pas à préparer ce dessert à l'avance.

BON À SAVOIR

Faire tremper vos noix (et autres graines oléagineuses) augmente leurs vertus pour la santé et améliore leur assimilation par l'organisme.

Privilégiez un chocolat noir à haute teneur en cacao, 70 à 80 % minimum.

02

Été

En été, les journées rallongent, le soleil et la chaleur sont de mise et invitent à une cuisine colorée et rafraîchissante.

Entre les saveurs grillées au barbecue et la douceur d'un brunch ensoleillé, les recettes d'été vont vous faire saliver.

4 PERSONNES

TEMPS TOTAL : 40 MINUTES

Muffins au bacon et aux patates douces, œufs au plat

Ingrédients

POUR ENVIRON 10 MUFFINS

- 2 œufs battus
- 50 g de beurre fondu et une noix de beurre
- 15 cl de lait
- 200 g de farine
- ½ sachet de levure
- 100 g de comté râpé
- 10 tranches de lard fumé + 3 pour la décoration
- 200 g de patates douces cuites
- 1 oignon rouge
- 1 gousse d'ail
- 1 c. à café de curry

POUR LES ŒUFS AU PLAT

- 4 œufs

Étapes

- Préchauffez votre four à 180°C.
- Dans une poêle, faites revenir l'oignon rouge finement ciselé dans une noix de beurre pendant 5 à 7 minutes. Ajoutez la patate douce réduite en purée, l'ail écrasé, salez et poivrez puis parsemez de curry. Laissez cuire 5 minutes. Faites griller le lard fumé au four, conservez quelques tranches pour la décoration, puis laissez-le refroidir et découpez-le en petits morceaux.
- Dans un saladier, mélangez les œufs battus avec le lait, ajoutez la préparation précédente et les 50 g de beurre.
- Incorporez la farine, la levure ainsi que le comté râpé. Salez et poivrez.
- Répartissez la préparation dans des moules, ajoutez les morceaux de lard fumé cru pour la décoration et enfournez entre 18 et 23 minutes.
- Faites cuire les œufs au plat et servez-les avec les muffins.

BON À SAVOIR

Suivant la saison et vos envies, la patate douce peut être remplacée par des carottes ou de la courge (butternut, potimarron…).

02

4 PERSONNES

TEMPS TOTAL : 40 MINUTES

Gâteau à la semoule de maïs et confiture minute de fruits de saison

Ingrédients

POUR LE GÂTEAU

- 4 œufs
- 50 g de sucre de canne
- 80 ml de jus de citron jaune pressé
- 80 g de semoule fine de blé dur
- 40 g de poudre d'amandes
- 40 g d'amandes émondées et hachées

POUR LA CONFITURE

- 1 citron
- 300 g de cassis
- Sucre de canne
- 200 ml d'eau

Étapes

PRÉPARATION DU GÂTEAU

- Préchauffez le four à 200°C.
- Fouettez les jaunes d'œufs avec le sucre.
- Ajoutez le jus de citron, la semoule, les amandes et la poudre d'amandes. Laissez reposer 10 à 15 minutes.
- Montez les blancs en neige avec une pincée de sel. Incorporez-les petit à petit à la pâte.
- Versez la préparation dans un moule beurré et fariné. Faites cuire 20 minutes.

PRÉPARATION DE LA CONFITURE

- Placez les fruits dans une cocotte. Ajoutez suffisamment d'eau pour les recouvrir et faites cuire 7 minutes à feu moyen-vif.
- Avec le liquide, mixez les fruits finement pour éviter les petites peaux.
- Pesez le résultat obtenu et ajoutez un tiers du poids en sucre.
- Remettez le tout dans la cocotte. Une fois le mélange porté à ébullition, baissez le feu et poursuivez la cuisson 10 à 13 minutes.
- Mettez la préparation en pot.

BON À SAVOIR

La confiture se mange dans les trois jours et se conserve au frigo. Si vous souhaitez une conservation plus longue, n'hésitez pas à stériliser vos pots.

4 PERSONNES

TEMPS TOTAL : 10 MINUTES

Yaourt à la noix de coco et coulis de framboises à la menthe

Ingrédients

POUR LE YAOURT

400 ml de yaourt nature

6 c. à soupe de noix de coco en poudre

POUR LE COULIS

200 g de framboises

1 c. à soupe de sucre de canne vanillé

4 feuilles de menthe

1 filet de jus de citron

POUR LA DÉCORATION

Des copeaux de chocolat noir

Étapes

- Mélangez le yaourt avec la noix de coco en poudre.
- Préparez le coulis de framboises en mixant l'ensemble des ingrédients.
- Servez le yaourt, avec quelques framboises fraîches et 1 à 2 cuillères à soupe de coulis de framboises.
- Pour plus de gourmandise, vous pouvez ajouter quelques copeaux de chocolat noir.

BON À SAVOIR

Le yaourt au lait de vache, de brebis ou de chèvre offre un excellent apport en calcium. N'hésitez pas à varier les plaisirs tant pour le goût que pour leurs apports.

Pour les végétaliens et les intolérants aux protéines de lait ou au lactose, les yaourts végétaux offrent une alternative aux produits laitiers, à condition qu'ils soient enrichis en calcium.

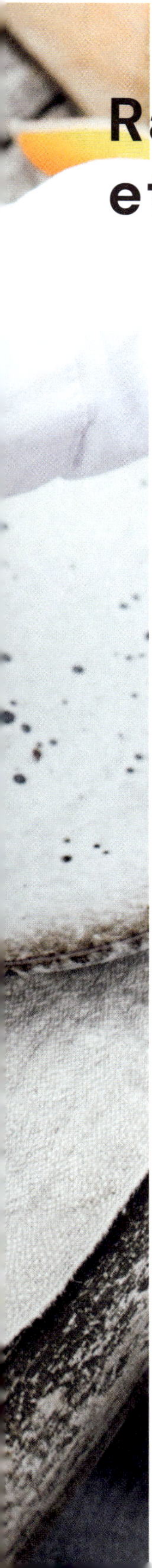

02

4 PERSONNES

TEMPS TOTAL : 10 MINUTES

Radis sauce chèvre et ciboulette

Ingrédients

1 botte de radis

3 c. à soupe de fromage de chèvre frais

200 ml de yaourt nature

5-6 brins de ciboulette

½ échalote ciselée

Sel et poivre

Étapes

- Dans un bol, mélangez le yaourt nature avec le fromage de chèvre jusqu'à l'obtention d'un mélange homogène. Salez, poivrez, ajoutez l'échalote et la ciboulette finement ciselée.
- Lavez puis coupez les radis en petits cubes et ajoutez-les à la préparation.
- Servez sur une baguette ou une tranche de pain au levain.

BON À SAVOIR

Le fromage de chèvre est un aliment idéal pour entretenir vos muscles et vos os, et prévenir certaines maladies tout en facilitant la digestion. Si vous n'aimez pas son goût plus prononcé, vous pouvez le remplacer par du yaourt grec ou de la maquée.

4 PERSONNES

TEMPS TOTAL : 25 MINUTES

Pancakes, fraises et purée de noisettes

Ingrédients

POUR LES PANCAKES

4 œufs

5 c. à soupe de sucre de canne vanillé

300 g de farine

1 sachet de levure chimique

30 cl de lait

1 pincée de sel

POUR LA PURÉE DE NOISETTES

200 g de noisettes

3 c. à soupe de yaourt nature (voir p.169)

POUR LA DÉCORATION

1 barquette de fraises

Étapes

- Veillez à préparer la pâte à pancakes la veille ou au moins 2 heures à l'avance.
- Séparez les blancs d'œufs des jaunes. Blanchissez les jaunes d'œufs avec le sucre. Ajoutez-y petit à petit la farine, la levure, le sel et le lait. Montez les blancs en neige avec une pincée de sel. Puis incorporez-les délicatement au mélange.
- Laissez reposer la pâte 2 heures minimum.
- Dans une poêle beurrée, déposez une cuillère de pâte. Lorsque des bulles se forment sur la pâte, c'est le signe qu'il est temps de retourner le pancake. Il doit être bien doré.
- Préchauffez le four à 200°C.
- Pendant que la pâte repose, préparez la purée de noisettes. Faites griller les noisettes au four pendant une dizaine de minutes. Laissez-les refroidir puis émondez-les. (Petite astuce : déposez-les dans un linge propre et sec, refermez le linge et massez-le pour enlever la peau des noisettes.)
- Mixez les noisettes émondées jusqu'à ce que l'huile contenue dans les noisettes crée une pâte homogène. Ajoutez le yaourt nature, mélangez et réservez.
- Coupez les fraises en fines tranches.
- Montez les pancakes en alternant : pancake, purée de noisettes et carpaccio de fraises.

BON À SAVOIR

Évitez d'acheter les noisettes déjà grillées car celles-ci sont chauffées à très haute température, ce qui endommage fortement leurs acides gras.

02

4 PERSONNES

TEMPS TOTAL : 60 MINUTES

Gaufres salées à la feta, aux courgettes et à la menthe, lamelles de poulet

Ingrédients

POUR LES GAUFRES

- 250 g de farine
- 25 cl de lait
- 2 œufs
- 65 g de beurre
- 200 g de courgettes râpées
- 100 g de feta
- 1 oignon rouge
- 5-6 feuilles de menthe
- Sel et poivre

ACCOMPAGNEMENT

- 4 filets de poulet
- 1 c. à soupe de curry
- Sel, poivre et huile d'olive

SAUCE YAOURT

(voir p.169)

Étapes

- Préchauffez le four à 160°C.
- Disposez les filets de poulet dans un plat allant au four, arrosez d'huile d'olive et parsemez de curry. Enfournez 1 heure 30 tout en arrosant régulièrement d'huile. Coupez-les ensuite en lamelles.
- Dans un grand saladier, battez les œufs, ajoutez le beurre fondu et le lait. Ajoutez la farine. Réservez.
- Râpez la courgette, salez-la dans un plat et laissez reposer pendant 10 à 20 minutes. La courgette va rendre son eau. Égouttez-la dans une passoire tout en la pressant entre vos mains pour une élimination complète de l'eau.
- Épluchez, coupez finement l'oignon rouge et incorporez-le à la préparation avec la menthe ciselée.
- Dans la pâte à gaufres, ajoutez la courgette râpée et la feta émiettée, puis salez et poivrez.
- Versez une louche de pâte dans le gaufrier et laissez cuire 3 à 4 minutes.
- Servez avec le poulet et un peu de sauce au yaourt.

BON À SAVOIR

Vous pouvez varier les plaisirs en fonction des saisons en remplaçant les courgettes par des carottes râpées et la menthe par du persil, de la coriandre ou autre... Les gaufres salées sont un excellent moyen de faire manger des légumes aux enfants !

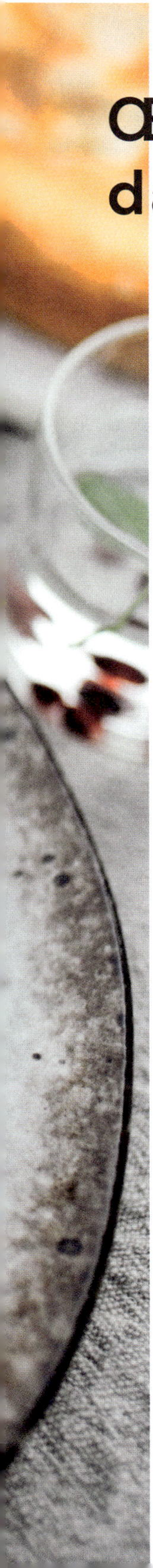

02

4 PERSONNES

TEMPS TOTAL : 25 MINUTES

Œuf cocotte dans un champignon

Ingrédients

- 4 gros champignons
- 4 œufs
- 5 cl de crème fraîche
- 10 g de parmesan
- Huile d'olive
- Herbes fraîches
- Sel et poivre

Étapes

- Préchauffez le four à 180°C.
- Nettoyez les champignons sans les abîmer. Coupez les pieds au ras des chapeaux. À l'aide d'une cuillère à café, évidez-les légèrement sans les percer.
- Déposez les champignons dans un plat huilé allant au four.
- Dans un poêlon, faites chauffer la crème avec les trois quarts du parmesan râpé et un peu de poivre. Faites cuire 5 minutes puis disposez un peu de la préparation dans chaque champignon.
- Séparez vos jaunes d'œufs des blancs, puis versez le blanc d'un œuf dans chaque champignon. Couvrez et enfournez jusqu'à ce que le blanc soit à peine cuit. Ajoutez le jaune d'œuf et prolongez la cuisson pendant 3 minutes sans couvercle.
- Ciselez les herbes. À la sortie du four, parsemez les œufs d'herbes ciselées et d'un peu de parmesan.

BON À SAVOIR

L'œuf est un allié de choix : sain, économique, rassasiant, riche en fer et en protéines.

4 PERSONNES

TEMPS TOTAL : 5 MINUTES

Eau aromatisée à la grenade, feuilles de menthe

Ingrédients

1 l d'eau de source

1 grenade

1 branche de menthe

1 c. à soupe de sucre de canne

Étapes

- Coupez la grenade en deux, et récupérez les graines.
- Ajoutez tous les ingrédients à l'eau et laissez au frigo minimum 4 heures avant de servir. (Si vous le préparez la veille, c'est encore mieux.)

4 PERSONNES

TEMPS TOTAL : **5 MINUTES**

02

Café glacé au sirop d'orgeat

Ingrédients

4 cafés bien serrés

4 c. à café de sirop d'orgeat

200 ml de lait

Beaucoup de glaçons

Étapes

- Préparez vos cafés serrés.
- Remplissez 4 verres de glaçons et versez-y le sirop d'orgeat.
- Ajoutez ensuite le café dans les verres, puis arrosez de lait suivant votre goût.
- Mélangez bien puis dégustez.

BON À SAVOIR

Le sirop d'orgeat est un sirop aux saveurs douces et subtiles d'amande. Il est idéal pour aromatiser vos recettes, notamment les biscuits ou les pâtes à gâteaux, les boissons chaudes, les milk-shakes voire les cocktails.

4 PERSONNES

TEMPS TOTAL : 50 MINUTES

Dip d'aubergines fumées et galettes à la farine de pois chiche

Ingrédients

POUR LE DIP

- 2 aubergines
- 1 gousse d'ail
- 2 c. à soupe de purée de sésame
- Jus d'un citron vert
- 100 ml d'huile d'olive de qualité
- 1 poignée de pignons de pin
- ½ botte de persil pour la décoration
- Un peu de purée d'ail dégermé

POUR LES GALETTES

- 200 g de farine de pois chiche
- 500 ml d'eau
- 1 c. à café de dukkah (voir p.168)
- 2 c. à soupe d'huile d'olive
- 1 bonne pincée de sel

Étapes

- Préparez la pâte à galette en mélangeant tous les ingrédients à l'aide d'un robot pour obtenir une pâte homogène.
- Faites cuire les aubergines dans une poêle à sec à feu moyen-vif. La peau doit commencer à brûler de tous les côtés. Au toucher, elles doivent être tendres.
- Ouvrez les aubergines cuites et récupérez la chair à la cuillère. Laissez s'égoutter une demi-heure dans un chinois étamine.
- Écrasez grossièrement à la fourchette, puis ajoutez le jus de citron, l'huile d'olive, la purée de sésame et un peu de purée d'ail dégermé.
- Torréfiez les pignons de pin à sec. Décorez le caviar d'un filet d'huile d'olive, de pignons torréfiés et d'un peu de persil plat ciselé.
- Versez la pâte à galette dans une poêle huilée bien chaude et faites cuire des deux côtés.
- Servez le dip avec les galettes à la farine de pois chiche.

BON À SAVOIR

Si vous disposez de plaques de cuisson au gaz ou d'un barbecue, vous pouvez cuire les aubergines sur la flamme jusqu'à ce que la peau noircisse bien de tous les côtés et se craquèle, vous obtiendrez ainsi un goût fumé plus prononcé. Ce procédé permet une cuisson à l'étouffée de la chair d'aubergine.

Ce dip peut également constituer un délicieux accompagnement pour un poisson.

4 PERSONNES

TEMPS TOTAL : 40 MINUTES

Dip de betteraves, feta et mûres

Ingrédients

POUR LE DIP

- 3 petites betteraves ou 1 grosse et demie
- 150 g de feta
- 100 g de mûres
- 2 c. à soupe d'huile d'olive
- ¼ de gousse d'ail
- 1 c. à soupe de jus de citron jaune

Étapes

- Privilégiez les betteraves fraîches à celles sous-vide : elles sont bien meilleures. Si vous les achetez bio, il n'est pas nécessaire de les éplucher : il suffit d'enlever le collet de la betterave, toujours un peu fibreux. Sinon, épluchez-les.
- Faites-les cuire dans un panier vapeur avec l'ail pendant 30 minutes (ou dans une casserole d'eau avec 1 cuillère à soupe de vinaigre pour fixer la couleur). N'hésitez pas à conserver le jus de cuisson pour un smoothie ou pour allonger la tapenade après l'avoir mixée, au besoin.
- Les betteraves doivent être tendres, la lame d'un couteau doit pouvoir y pénétrer facilement. Si ce n'est pas le cas, prolongez un peu la cuisson.
- Ensuite, placez l'ensemble des ingrédients (conservez quelques mûres et un morceau de feta pour la décoration) dans le bol d'un mixeur et réduisez le tout en purée jusqu'à l'obtention d'une texture similaire à un pesto.
- Si nécessaire, allongez avec un peu de jus de cuisson pour rendre la tapenade plus lisse.
- Dégustez avec de bons crackers. Cette tapenade se conserve 3 à 4 jours au frigo.

BON À SAVOIR

La cuisson à la vapeur est douce et préserve les aliments. Cela permet de conserver leurs nutriments, vitamines, sels minéraux ou oligo-éléments, entre autres, tout en en gardant leur couleur, leur goût naturel et leur texture. Si vous n'avez pas de cuit-vapeur, faites cuire les betteraves dans une casserole d'eau bouillante avec une cuillère à café de bicarbonate alimentaire ou un filet de vinaigre blanc pour fixer la couleur.

4 PERSONNES

TEMPS TOTAL : 10 MINUTES

02

Salade de courgettes, noisettes grillées, parmesan et sa vinaigrette à l'huile de pépins de raisin

Ingrédients

POUR LA SALADE

2 courgettes

1 poignée de noisettes

50 g de parmesan

3 brins de menthe

POUR LA VINAIGRETTE

4 c. à soupe d'huile d'olive

2 c. à soupe d'huile de noisette

2 c. à soupe d'huile de pépins de raisin

½ c. à café de paprika

Sel et poivre

Étapes

- Préchauffez votre four à 200°C et enfournez les noisettes au four une dizaine de minutes pour les torréfier Une fois torréfiées, concassez-les et réservez-les pour le dressage.
- Lavez et égouttez vos courgettes. N'hésitez pas à varier les couleurs en utilisant des courgettes jaunes et vertes.
- Tranchez les courgettes très finement à l'aide d'une mandoline. Étalez les lamelles sur un plat de façon harmonieuse.
- Préparez votre vinaigrette : mélangez les huiles avec un peu de sel, de poivre et de paprika, suivant votre goût.
- Versez la vinaigrette sur les lamelles de courgettes, parsemez de parmesan, de noisettes concassées et saupoudrez de menthe ciselée.

BON À SAVOIR

En cuisine, la variété est importante. N'hésitez pas à utiliser des huiles différentes tant pour le goût que pour leurs bienfaits.

L'huile de pépins de raisin résiste aux températures élevées sans se dénaturer. Elle est source de vitamines E. Elle est également riche en acides gras polyinsaturés et est donc efficace dans la lutte contre le mauvais cholestérol. Il est conseillé de la conserver au frigo après ouverture.

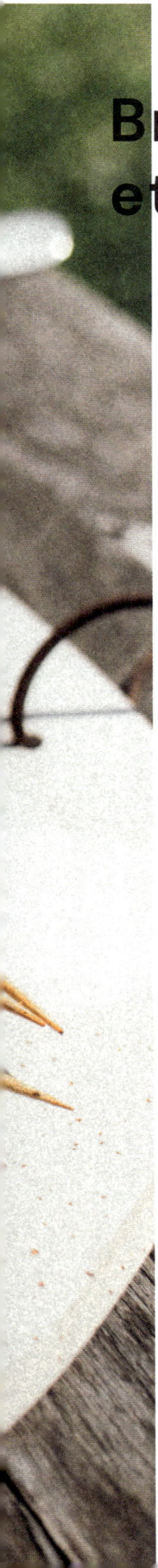

4 PERSONNES

TEMPS TOTAL : 25 MINUTES

Brochettes de poulet, bacon et pêches au sirop d'érable

Ingrédients

POUR LES BROCHETTES

- 4 blancs de poulet
- 4 pêches
- 12 tranches de lard
- Piques à brochettes

POUR LA MARINADE

- 6 c. à soupe de vinaigre de cidre
- 6 c. à soupe d'huile de colza
- 5 c. à soupe de sirop d'érable
- 3 oignons verts hachés
- 1 branche de romarin
- 2 c. à soupe de moutarde
- Sel et poivre

Étapes

- Si vous utilisez des piques en bois, faites-les tremper dans l'eau pendant 30 minutes avant de les utiliser pour éviter qu'elles ne brûlent pendant la cuisson.
- La veille ou quelques heures à l'avance, coupez vos blancs de poulet en dés. Mélangez l'ensemble des ingrédients pour la marinade et ajoutez-y les dés de poulet. Laissez mariner aussi longtemps que possible.
- Coupez vos pêches en quartiers et montez vos brochettes en alternant les morceaux de poulet, de pêche et les tranches de bacon.
- Renouvelez l'opération jusqu'à ce qu'il n'y ait plus d'ingrédients.
- Badigeonnez le tout avec la marinade.
- Déposez vos brochettes sur le barbecue (ou au four) et faites-les cuire quelques minutes de chaque côté jusqu'à ce que le poulet soit cuit.

BON À SAVOIR

Lors de vos cuissons au barbecue, respectez l'environnement en utilisant du charbon végétal créé à partir de bois ou de coques de noix de coco.

02

4 PERSONNES

TEMPS TOTAL : 25 MINUTES

Brochettes de poisson, mangue, poivrons et chorizo, marinade au citron et à la coriandre

Ingrédients

POUR LES BROCHETTES

- 150 g de poivrons jaunes coupés en morceaux et épépinés
- 600 g de filet de cabillaud coupé en cubes
- 1 chorizo coupé en morceaux épais
- 1 oignon rouge coupé en 6
- 1 mangue coupée en morceaux
- Sel et poivre
- Piques à brochettes

POUR LA MARINADE AU CITRON ET À LA CORIANDRE

- 125 ml d'huile d'olive
- 1 botte de coriandre fraîche hachée
- Zeste et jus d'1 citron vert
- 1 c. à café de miel
- Sel

Étapes

- Si vous utilisez des piques en bois, faites-les tremper dans l'eau pendant 30 minutes avant de les utiliser pour éviter qu'elles ne brûlent pendant la cuisson.
- Coupez les légumes, la mangue, le poisson et le chorizo.
- Réduisez en purée lisse tous les ingrédients de la marinade.
- Placez-la dans un bol et ajoutez le cabillaud. Enrobez le cabillaud de marinade et placez au frigo pour 2 heures.
- Montez les brochettes en alternant les morceaux de cabillaud, d'oignon, de poivron, de chorizo et de mangue.
- Faites cuire au barbecue ou au four. Retournez les brochettes à mi-cuisson, en les arrosant de la marinade restante.

BON À SAVOIR

Le poisson est cuit lorsque la chair de la partie la plus épaisse devient opaque. Vous pouvez également toucher le poisson du doigt : si la fermeté est semblable à celle de la paume d'une main, c'est que c'est prêt !

02

4 PERSONNES

TEMPS TOTAL : 25 MINUTES

Casarecce au pesto de roquette, aux pistaches et à la tomme de chèvre

Ingrédients

250 g de casarecce

50 g de roquette

50 g de tomme de chèvre

65 g de pistaches grillées décortiquées

Une poignée de tomates cerises

10 cl d'huile d'olive

½ gousse d'ail

Sel, poivre et curry

Étapes

- Dans une casserole d'eau bouillante salée, faites cuire les pâtes en suivant les instructions de cuisson du producteur et laissez-les refroidir avec un peu d'huile d'olive.
- Mixez la roquette, les pistaches grillées, l'huile d'olive, l'ail et les épices.
- Coupez les tomates en quatre, mélangez les pâtes froides avec le pesto.
- Ajoutez la tomme de chèvre râpée et les tomates, et le tour est joué !
- Servez tiède ou froid.

BON À SAVOIR

Le pesto sous toutes ses formes est excellent pour la santé. La roquette est également un aliment sain, source de nutriments essentiels, comme les vitamines K et B9, les antioxydants et le calcium, en grande quantité. L'huile d'olive apporte elle aussi son lot de bienfaits puisqu'elle appartient à la famille des acides gras mono-insaturés, excellents et indispensables pour le corps humain. Veillez à choisir une huile d'olive de qualité supérieure, c'est-à-dire de première pression à froid.

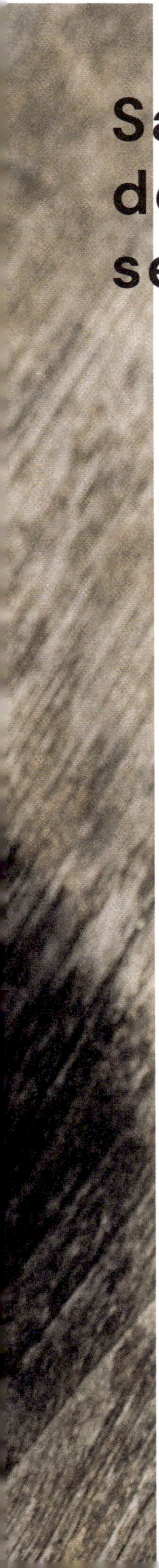

02

4 PERSONNES

TEMPS TOTAL : 15 MINUTES

Salade de tomates cerises, dés de pastèque et huile de sésame

Ingrédients

POUR LA SALADE

600 g de tomates cerises

¼ de grosse pastèque
ou ½ de petite pastèque

½ oignon rouge

POUR L'ASSAISONNEMENT

3 càs d'huile de sésame

1 c. à soupe d'huile d'olive de qualité

2 c. à soupe de basilic frais émincé

Sel / poivre

POUR LA DÉCORATION

1 pincée de sésame noir

Étapes

- Lavez vos tomates puis découpez-les en morceaux.
- Enlevez la peau de la pastèque et faites de même.
- Épluchez et coupez très finement l'oignon rouge. Placez le tout dans un bol.
- Assaisonnez en sel, poivre et basilic frais ciselé. Arrosez d'huile de sésame et d'olive. Ajoutez un peu de sésame noir pour la décoration.
- N'hésitez pas à préparer cet accompagnement à l'avance pour laisser mariner l'assaisonnement.

BON À SAVOIR

Privilégiez une huile de sésame vierge, de première pression à froid, d'origine biologique et dont les graines n'ont pas été toastées.

Faites attention à l'allergie au sésame qui est plus fréquente qu'on ne le pense !

02

4 PERSONNES

TEMPS TOTAL : 20 MINUTES

Maïs grillé

Ingrédients

4 à 6 épis de maïs

50 g de beurre salé pommade (mou)

Herbes fraîches ciselées au choix : basilic, sauge, romarin, estragon

Épices : curry, paprika fumé, ras-el-hanout

Poivre

50 cm de ficelle alimentaire

Étapes

- Épluchez les épis de maïs. Pour cela, relevez les feuilles vers le haut afin de dégager l'épi. Attachez les feuilles avec de la ficelle alimentaire.
- Si vous optez pour un épi non précuit, faites bouillir une casserole d'eau salée et plongez-y les épis de maïs pendant 5 à 7 minutes suivant leur grosseur, afin de les précuire.
- Préparez votre beurre : dans un bol, mélangez le beurre avec les herbes ciselées et les épices au choix. Pour ma part, j'aime particulièrement l'association basilic-paprika fumé.
- Maintenez-le à température ambiante afin de pouvoir en tartiner les épis le moment venu.
- Faites chauffer votre plancha à 200°C. Tartinez les épis de maïs de beurre basilic et déposez-les sur la plancha.
- Faites cuire les épis environ 12 à 15 minutes en les retournant à plusieurs reprises. Ils doivent être tendres et colorés.
- Au moment de servir, ajoutez à nouveau une noix de beurre basilic.

BON À SAVOIR

L'épi de maïs ne contient pas de gluten et est donc un accompagnement parfait pour les personnes qui y sont intolérantes. Il contient des vitamines B, du phosphore, du magnésium et une grande quantité de fibres.

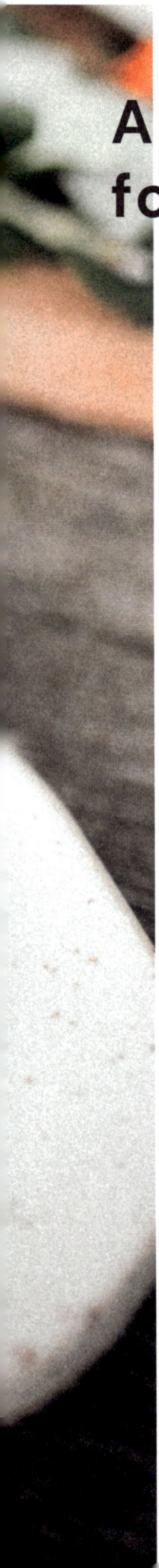

02

4 PERSONNES

TEMPS TOTAL : 20 MINUTES

Abricots rôtis au miel, crème fouettée coco

Ingrédients

POUR LA CRÈME DE COCO

1 conserve de lait de coco

1 c. à café de sucre de canne vanillé

POUR LES ABRICOTS

4 abricots

2 c. à soupe de miel

POUR L'ACCOMPAGNEMENT

1 poignée de noisettes

Quelques feuilles de menthe fraîche

Étapes

- La veille, placez la conserve de lait de coco au frigo.
- Faites griller les noisettes à sec dans une poêle ou au four, puis concassez-les (vous pouvez le faire à l'avance).
- Préchauffez votre barbecue à température élevée et huilez la grille (vous pouvez aussi utiliser une poêle).
- Coupez les abricots en deux, retirez les noyaux. Badigeonnez-les de miel. Si votre miel est solide, faites-le fondre au bain marie pour pouvoir l'étaler plus facilement.
- Grillez les abricots pendant 3 à 5 minutes.
- Pendant ce temps, préparez la crème de coco fouettée. Pour cela, sortez le lait de coco du frigo au dernier moment. Ouvrez la conserve et videz l'eau de coco pour ne garder que la crème (le passage au frigo permet de dissocier les deux éléments).
- À l'aide d'un batteur, battez la crème de coco avec le sucre et l'extrait de vanille jusqu'à l'obtention de la même texture qu'une crème fouettée.
- Servez les abricots rôtis chauds ou tièdes avec une cuillère de crème fouettée. Saupoudrez de menthe ciselée et de noisettes torréfiées concassées.

BON À SAVOIR

La crème fouettée coco, au-delà de son goût, est une chouette alternative pour les intolérants au lactose. Ne jetez pas l'eau de coco, vous pouvez l'ajouter dans un smoothie.

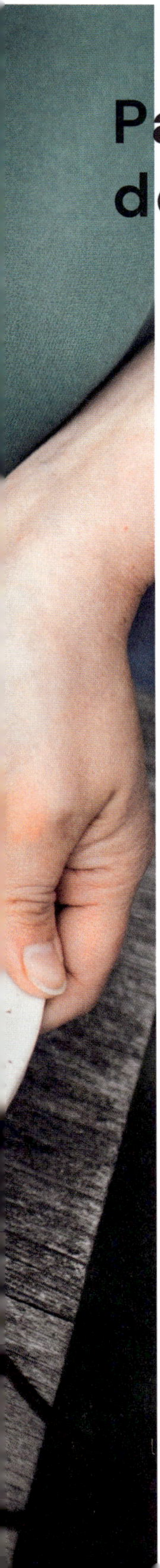

02

4 PERSONNES

TEMPS TOTAL : 85 MINUTES

Pavlova et coulis de framboises

Ingrédients

POUR LA MERINGUE

- 4 blancs d'œufs
- 250 g de sucre impalpable à tamiser
- 3 c. à café de fécule de maïs
- 1 c. à café d'extrait de vanille
- 2 c. à soupe de vinaigre de cidre ou de pomme
- 1 pincée de sel

POUR LA DÉCORATION

- 300 g de framboises
- 1 filet de jus de citron
- 1 c. à soupe de sucre impalpable
- 200 ml de crème liquide entière

Étapes

- Préchauffez votre four à 150°C en chaleur tournante.
- Battez les blancs d'œufs en neige avec une pincée de sel jusqu'à ce qu'ils soient bien fermes. Ajoutez petit à petit le sucre impalpable tamisé pour obtenir un mélange ferme, lisse et brillant.
- Ajoutez la fécule de maïs, le vinaigre de cidre et l'extrait de vanille.
- Remplissez une poche à douille de ce mélange, équipée d'une douille cannelée ou ronde. Dressez des petits « nids » d'environ 7-8 centimètres de diamètre sur une plaque à pâtisserie recouverte de papier cuisson.
- Enfournez, baissez la température à 120°C et faites cuire pendant 1 h 10.
- Une fois la cuisson terminée, ouvrez légèrement la porte du four (vous pouvez caler une spatule en bois afin de la garder ouverte) et laissez refroidir dans le four éteint.
- Préparez le coulis de framboises en mixant les framboises avec le sucre impalpable et le filet de jus de citron.
- Avec un batteur, montez la crème entière en chantilly onctueuse.
- À l'aide d'une poche à douille ou d'une cuillère à soupe, garnissez les nids de meringue de crème chantilly, puis décorez avec le coulis de framboises.

BON À SAVOIR

Vous pouvez décorer votre pavlova en ajoutant des cerises, du basilic ciselé ou en le parsemant de pistaches grillées concassées.

« Des petits et des grands moments de vies partagés »

03

Automne

En automne, les températures dégringolent. Côté recettes, on cherche le réconfort et la gourmandise. On se régale des cucurbitacées qui colorent nos jardins et nos assiettes.

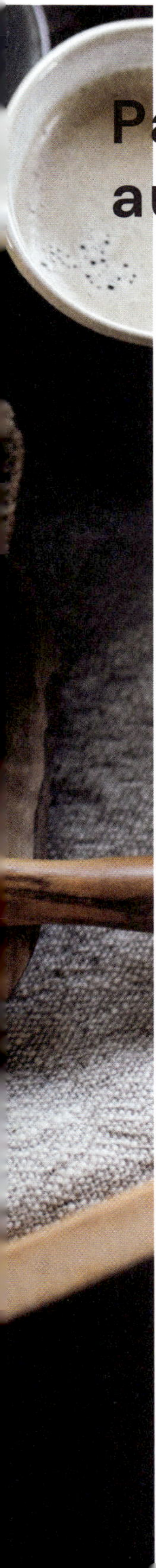

03

4 PERSONNES

TEMPS TOTAL : 20 MINUTES

Pain et confiture minute aux graines de chia

Ingrédients

1 mangue bien mûre

1 c. à café de miel

1 c. à soupe de jus de citron

1 c. à soupe de graines de chia

Un peu d'eau de source

Du pain au levain

Étapes

- Épluchez et taillez la mangue en gros dés.
- Mixez les dés de mangue avec le miel, le jus de citron et un peu d'eau de source jusqu'à l'obtention d'un mélange homogène.
- Versez le contenu dans un bol et mélangez avec les graines de chia.
- Laissez reposer 20 minutes et servez sur une belle tranche de pain complet.

BON À SAVOIR

La confiture se conserve au frigo et doit être consommée dans les trois jours. Les graines de chia sont excellentes pour la santé, elles facilitent le transit, renforcent les os et les dents. Elles se composent d'acides gras oméga-3, utiles au bon fonctionnement cérébral. Par ailleurs, n'hésitez pas à varier les pains.

03

4 PERSONNES

TEMPS TOTAL : 25 MINUTES

Biscuits aux noix et aux figues séchées

Ingrédients

POUR UNE VINGTAINE DE BISCUITS

245 g de farine

½ c. à café de bicarbonate de soude

115 g de beurre salé (beurre pommade)

215 g de cassonade blonde

2 c. à soupe de sirop d'érable

1 jaune d'œuf

1 œuf entier

1 poignée de noix

3 à 5 figues séchées

Étapes

- Mélangez les ingrédients secs entre eux et ajoutez les noix préalablement concassées et les figues coupées en petits dés.
- Ajoutez le beurre et les œufs battus. Mélangez jusqu'à l'obtention d'une pâte homogène.
- Coupez la pâte en deux et faites des boudins d'environ 4 à 6 centimètres de diamètre.
- Saucissonnez les boudins dans du papier cellophane et placez au frigo durant 1 à 2 heures. La pâte va durcir au contact du froid.
- Déballez le boudin et découpez des tranches d'environ 5 millimètres d'épaisseur.
- Disposez les biscuits sur une plaque allant au four recouverte de papier sulfurisé, et laissez cuire à 180°C pendant 10 à 12 minutes.
- À la sortie du four, les biscuits seront encore moelleux. Laissez-les durcir et refroidir avant de les conserver dans un bocal hermétique.

BON À SAVOIR

À cause de leur cuisson à haute température, les biscuits industriels rejettent de l'acrylamide, une substance cancérogène ; de plus, les ingrédients composant ces biscuits sont généralement de mauvaise qualité.

N'hésitez donc pas à vous lancer dans la confection de biscuits maison. Vous pouvez même prévoir de plus grosses quantités et congeler la pâte : il ne vous restera qu'à la cuire en fonction de vos besoins.

03

4 PERSONNES

TEMPS TOTAL : 25 MINUTES

Tarte aux noix de pécan et aux poires

Ingrédients

- 1 pâte brisée (à faire vous-même si vous avez plus de courage que moi)
- 150 g de noix de pécan + 1 poignée pour la décoration
- 2 œufs entiers + 1 jaune d'œuf
- 70 g d'huile de coco ou de beurre normal
- 70 g de sucre de canne brun ou de sucre de coco
- 2 c. à soupe de miel ou de sirop d'érable
- 2 poires

Étapes

- Préchauffez votre four à 190°C en chaleur tournante.
- Épluchez et coupez les poires en deux dans le sens de la longueur. Retirez le cœur.
- Faites cuire la pâte une quinzaine de minutes, sans la garniture. Elle ne doit pas avoir le temps de dorer. (Mettez un poids sur la pâte pour éviter qu'elle ne gonfle et que les bords ne retombent, car cela compliquerait la mise en place de la garniture.)
- Pendant ce temps, réduisez les 150 g de noix de pécan en miettes - pour ma part, je préfère garder un peu de croquant donc je ne réduis pas complètement en poudre, mais cela dépend de vos goûts. Faites fondre le beurre. Ajoutez-y le sucre et mélangez pour rendre le tout homogène. Ajoutez les noix de pécan mixées, les œufs, le miel ou le sirop d'érable, et mélangez à nouveau le tout.
- Versez la préparation sur la pâte précuite et ajoutez les demi-poires. Décorez avec le restant de noix de pécan et enfournez le tout à 180°C pendant 12 à 15 minutes.

BON À SAVOIR

N'hésitez pas à varier les noix (pignons de pin, amandes, noisettes, noix de Grenoble...) pour diversifier les apports nutritifs. Si vous souhaitez réaliser votre pâte, retrouvez la recette p.153 (recette tarte aux poires et aux amandes)

4 PERSONNES

TEMPS TOTAL : 10 MINUTES

Crème d'amandes et de figues, pommes et myrtilles

Ingrédients

POUR LA CRÈME

- 320 g d'amandes
- 12 figues séchées
- ½ gousse de vanille
- 1 c. à soupe de miel
- 1 filet de jus de citron

POUR LA DÉCORATION

- 2 pommes
- 1 poignée de myrtilles

Étapes

- La veille, faites tremper les amandes et les figues déshydratées pendant 12 heures dans des contenants différents. Veillez à conserver l'eau de trempage des figues.
- Coupez une pomme en petits dés et arrosez-les d'un peu de jus de citron.
- Mixez le reste des ingrédients jusqu'à l'obtention d'une crème lisse. Ajoutez de l'eau de source au besoin.
- Versez la crème dans des bols ou une assiette creuse, ajoutez les dés de pommes et quelques myrtilles.
- Dégustez !

BON À SAVOIR

Il s'agit là d'un petit-déjeuner parfait si vous êtes intolérant aux produits laitiers ou au gluten.

03

4 PERSONNES

TEMPS TOTAL : 10 MINUTES

Porridge aux fruits et flocons d'avoine

Ingrédients

POUR LE PORRIDGE (1 GROS BOL)

- 20 g de flocons d'avoine
- 20 g de muesli
- 1 c. à soupe de fruits secs (raisins, amandes, noix de cajou, mûres blanches)
- 1 poire râpée
- 100 g de yaourt grec ou de yaourt végétal
- 65 ml de lait végétal (type lait d'amande non sucré) ou de lait de vache

POUR LA DÉCORATION

- Fruits frais suivant vos envies
- Amandes et autres graines
- Des copeaux de chocolat noir, pour la gourmandise

Étapes

- La veille, mélangez les flocons avec le muesli dans un bol.
- Ajoutez le lait végétal et le yaourt, et mélangez le tout.
- Épluchez et râpez une poire et incorporez-la à la préparation. N'hésitez pas à ajouter un peu de lait si la texture est trop épaisse. Refermez le bol et placez-le au frigo pour la nuit.
- Le lendemain matin, c'est déjà prêt. Les flocons et le muesli auront gonflé et absorbé le reste du lait. N'hésitez pas à ajouter un peu de lait avant de déguster afin de rendre la texture plus crémeuse et onctueuse.
- Mélangez bien et ajoutez les éléments de décoration, voire une purée de fruits.

BON À SAVOIR

Le porridge offre un petit-déjeuner riche en céréales, en fibres et en vitamines. L'avoine est une céréale sans gluten, idéale pour la digestion et pour les personnes intolérantes.

03

4 PERSONNES

TEMPS TOTAL : 10 MINUTES

Crêpes d'avoine

Ingrédients

POUR ± 15 CRÊPES

500 g de flocons d'avoine

6 œufs entiers

1 l de lait d'amande, de vache ou de chèvre

2 c. à soupe de sirop d'érable

1 pincée de sel

Étapes

- Dans un saladier, cassez et battez les œufs.
- Mixez les flocons d'avoine jusqu'à l'obtention d'une « farine ».
- Versez cette farine petit à petit dans les œufs en mélangeant pour éviter les grumeaux.
- Progressivement, ajoutez le lait tout en mélangeant avec votre fouet.
- Ajoutez le sirop d'érable et la pincée de sel.
- Il ne vous reste qu'à cuire vos crêpes. Faites chauffer une noix de beurre dans une poêle et versez-y une louche de pâte. Faites cuire la crêpe de chaque côté, jusqu'à ce qu'elle soit bien dorée. Répétez jusqu'à ce qu'il n'y ait plus de pâte.
- N'hésitez pas à doubler les quantités afin de mettre une partie des crêpes au congélateur pour les jours de paresse.

BON À SAVOIR

L'avoine permet un apport important en magnésium. Ici, nous l'utilisons comme farine, mais vous pouvez changer de farine pour apporter de nouveaux goûts et de nouvelles textures.

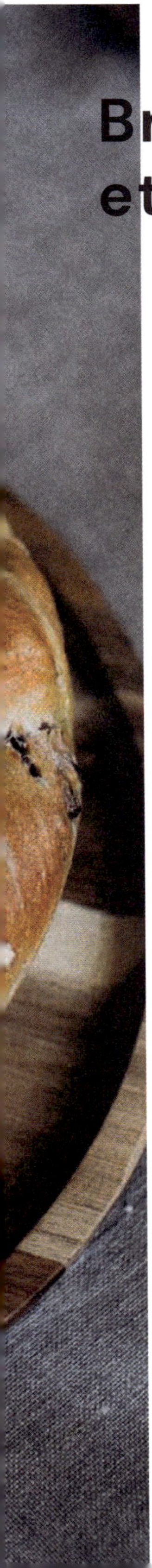

03

4 PERSONNES

TEMPS TOTAL : 4 HEURES

Brioche au lait de noisette et aux pépites de chocolat

Ingrédients

- 100 ml de lait de noisette, de lait d'amande ou de lait de vache entier
- 6 g de levure de boulanger sèche (pas de levure chimique)
- 30 g de sucre
- 1 œuf
- 30 g de beurre fondu
- 240 g de farine à pâtisserie
- 1 jaune d'œuf pour la dorure
- Pépites de chocolat noir

Étapes

- Vous pouvez préparer le tout la veille.
- Dans le bol d'un robot à pétrin, mettez le lait de noisette, le sucre et la levure de boulanger – je le répète, n'utilisez pas de levure chimique ou vous n'obtiendrez pas du tout le même résultat. Mélangez ces trois ingrédients pendant quelques minutes et laissez reposer 30 minutes, le temps que la levure agisse et forme quelques bulles à la surface.
- Ajoutez la farine, l'œuf et le beurre fondu (que vous avez laissé refroidir pour qu'il ne soit pas brûlant). Pétrissez le tout pendant 2 à 3 minutes.
- Huilez un bol et laissez la pâte à brioche reposer sous un torchon humide propre pendant 1 heure 30 à 2 heures. Après une heure, la pâte aura déjà monté : pétrissez-la à la main pour en enlever le gaz et laissez-la reposer encore un peu pour atteindre les 1 heure 30-2 heures.
- Farinez vos mains et le plan de travail, et séparez la pâte en 8 portions égales. Formez de jolies petites boules de brioche. Ajoutez les pépites de chocolat. Posez vos boules de brioche sur une plaque recouverte de papier sulfurisé ou d'un tapis de cuisson.
- Laissez à nouveau gonfler les boules de pâte à température ambiante pendant 30 minutes.
- Préchauffez votre four à 170°C en chaleur tournante.
- Badigeonnez les brioches d'un mélange de jaune d'œuf délié à l'eau pour un visuel appétissant. Enfournez une quinzaine de minutes tout en surveillant.
- Laissez refroidir avant de déguster.

BON À SAVOIR

Le lait de noisette apporte un goût en plus à la brioche, mais n'hésitez pas à changer de lait (amande, avoine...).

03

4 PERSONNES

TEMPS TOTAL : 45 MINUTES

Granola maison et yaourt

Ingrédients

POUR UN GRAND BOCAL DE GRANOLA

- 250 g de flocons d'avoine
- 65 g de noix de coco râpée
- 65 g d'amandes effilées
- 65 g de graines de courge
- 65 g de noisettes
- 1 poignée de noix
- 2 c. à soupe de graines de sarrasin
- 70 ml de sirop d'érable
- ½ c. à café d'extrait de vanille
- 2 belles c. à soupe de beurre de coco

POUR LE YAOURT

- 500 ml de yaourt au choix

POUR LA DÉCORATION

- Fruits frais
- Fruits séchés
- Pépites de chocolat

Étapes

- Dans un plat, mélangez tous les ingrédients secs.
- Dans une casserole, faites fondre le beurre de coco et mélangez-le au sirop d'érable et à l'extrait de vanille.
- Mélangez les deux appareils en veillant à ce que la préparation liquide soit bien absorbée.
- Recouvrez votre plaque de papier cuisson et déposez-y le mélange en une seule couche - elle sera épaisse mais c'est exactement ce qu'il faut.
- Placez au four à 160°C pendant plus ou moins 45 minutes. Mélangez à mi-cuisson pour que la cuisson soit uniforme et donne un résultat bien doré. Suivant la puissance de votre four, il se peut que le granola soit prêt avant, n'hésitez donc pas à vérifier toutes les 10 minutes.
- Retirez du four et laissez refroidir. Le mélange va durcir.
- Une fois que le mélange est à température ambiante, vous pouvez y ajouter des fruits séchés, des pépites de chocolat...
- Le granola se conserve 2 à 3 semaines dans un bocal hermétique.

BON À SAVOIR

Le granola est un classique du petit-déjeuner. Variez les noix et ajoutez-y des fruits séchés ou des pépites de chocolat.

Le yaourt, qu'il soit au lait de vache, de brebis ou de chèvre, constitue un bon apport en calcium pour les enfants. N'hésitez pas à tester les yaourts à base de lait végétal pour les personnes intolérantes.

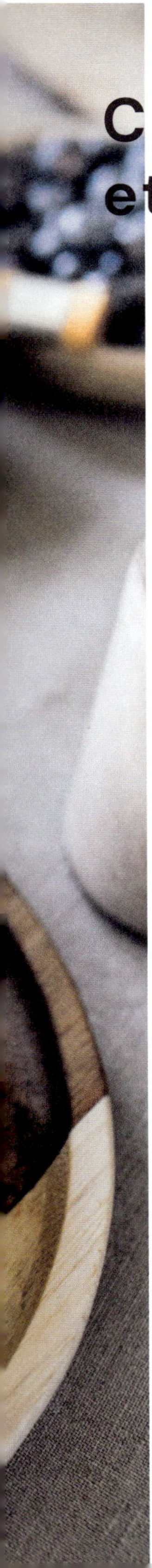

4 PERSONNES

TEMPS TOTAL : 60 MINUTES

Cake salé aux poireaux et au potimarron

Ingrédients

- 3 œufs
- 100 ml de lait
- 100 ml d'huile d'olive
- 180 g de farine
- 100 g de fromage râpé (emmental ou comté)
- 100 g de fromage de chèvre
- 100 g de purée de potimarron
- 100 g de poireaux
- 1 c. à café de thym
- 1 gousse d'ail
- Sel et poivre

Étapes

- Préchauffez le four à 180°C.
- Taillez le potimarron en dés et le poireau en rondelles.
- Faites cuire à la vapeur le potimarron et les rondelles de poireau pendant 15 minutes.
- Après cuisson, réduisez le potimarron en purée avec un filet d'huile d'olive et un peu d'ail.
- Mélangez les œufs, le lait, l'huile d'olive et la purée de potimarron. Ajoutez-y la farine ; assaisonnez avec du sel et du poivre. Mélangez, puis ajoutez le fromage râpé, le fromage de chèvre et les rondelles de poireau.
- Beurrez et farinez votre moule avant d'y verser la préparation.
- Enfournez une quarantaine de minutes. Le cake doit être à peine doré sur le dessus. Piquez-le avec une lame de couteau, celle-ci doit ressortir bien sèche.
- Laissez-le refroidir complètement sur une grille et dégustez à température ambiante.

BON À SAVOIR

Le cake salé est idéal pour vider le frigo des légumes un peu flétris. N'hésitez pas à remplacer le poireau et le potimarron par ce que vous trouverez dans le vôtre !

4 PERSONNES

TEMPS TOTAL : 10 MINUTES

03

Toast avocat, dukkah et pousses de betteraves

Ingrédients

2 avocats mûrs

1 filet de jus de citron jaune

1 filet d'huile d'olive

20 g de pousses de betteraves

1 c. à soupe de dukkah
(voir p.168)

Poivre

Étapes

- Écrasez l'avocat à la fourchette, ajoutez le jus de citron et l'huile d'olive. Salez, poivrez et réservez.
- Faites griller une tranche de bon pain, tartinez-la de purée d'avocat, saupoudrez de dukkah et disposez les pousses de betteraves par-dessus.

BON À SAVOIR

Les pousses de betteraves ont une saveur légèrement sucrée ; leur teinte rouge apportera une touche colorée à votre assiette. Les graines germées renferment une quantité étonnante d'enzymes ; ces protéines permettent une meilleure assimilation des nutriments.

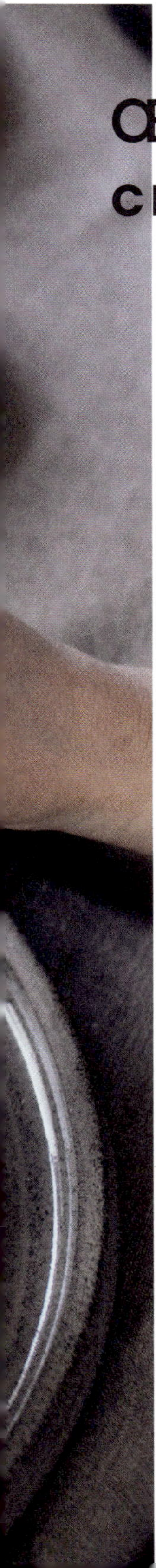

03

4 PERSONNES

TEMPS TOTAL : 35 MINUTES

Œuf en ramequin, crème aux champignons

Ingrédients

4 œufs

300 g de champignons bruns

15 cl de crème épaisse

½ gousse d'ail

1 noix de beurre

Thym

Sel et poivre

Étapes

- Coupez les champignons en lamelles et faites-les revenir 5 à 7 minutes à feu moyen dans un peu de beurre et de thym.
- Préchauffez le four à 180°C. Faites chauffer la crème épaisse et l'ail dans une casserole, salez et poivrez.
- Ajoutez la poêlée de champignons et mélangez à feu doux pour obtenir une préparation homogène. Répartissez dans 4 ramequins.
- À l'aide d'une petite cuillère, faites une cavité au centre de la préparation et cassez-y un œuf.
- Enfournez les ramequins à couvert (en bain-marie) pour environ 8 minutes, jusqu'à ce que le blanc d'œuf soit pris. Dans le même temps, faites dorer des bâtonnets de pain dans une poêle.
- Servez chaud, accompagné de petits soldats, c'est-à-dire des mouillettes.

BON À SAVOIR

Sources de protéines, les œufs au petit-déjeuner sont bénéfiques pour la santé.

En fonction de la saison, vous pouvez remplacer les champignons par des épinards, des blettes, de l'oseille ou encore des asperges.

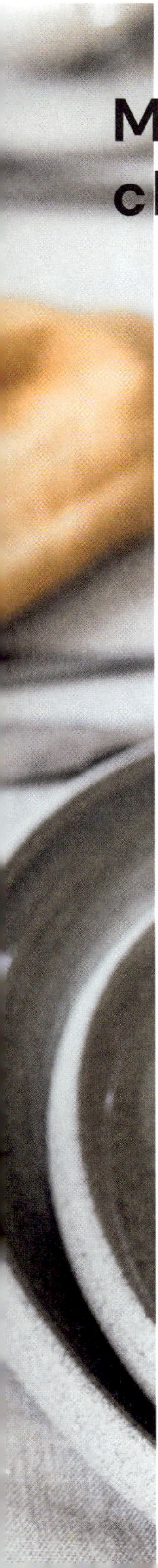

4 PERSONNES

TEMPS TOTAL : 5 MINUTES

Milk-shake bananes, châtaignes grillées et cacao cru

Ingrédients

POUR 4 VERRES

8 châtaignes

2 bananes

400 ml de lait de chèvre ou de lait végétal

1 c. à café de cacao cru

Étapes

- Faites griller les châtaignes dans une poêle antiadhésive. Pour éviter qu'elles n'éclatent, entaillez-les avant de les faire cuire.
- Épluchez vos châtaignes et placez-les dans un blender avec le reste des ingrédients.
- Mixez le tout jusqu'à l'obtention d'une belle consistance. Ajoutez du lait au besoin.

BON À SAVOIR

Le milk-shake est un petit-déjeuner qui offre un apport en calcium intéressant, à condition de privilégier du lait de vache ou de chèvre.

En cas d'intolérance ou d'allergie aux produits laitiers, le lait végétal reste une belle option.

4 PERSONNES

TEMPS TOTAL : 30 MINUTES

Velouté d'épinards et mouillettes au parmesan

Ingrédients

POUR LE VELOUTÉ

- 500 g d'épinards frais
- 1 blanc de poireau
- 2 pommes de terre
- 2 échalotes
- 1 gousse d'ail
- 1 branche de thym
- 1 cube de bouillon de légumes
- Fleur de sel
- Sel et poivre

POUR LES MOUILLETTES

- 4 tranches de pain
- 30 g de parmesan
- 20 g de beurre

Étapes

- Mettez le poireau, les échalotes et l'ail dans votre cuit-vapeur. Ajoutez le sel et le poivre, le cube de bouillon, le thym ainsi que les pommes de terre épluchées et coupées en morceaux. Couvrez à hauteur avec de l'eau et laissez mijoter 20 minutes, jusqu'à ce que les pommes de terre soient tendres.
- Ajoutez les épinards et laissez cuire quelques minutes (conservez quelques feuilles pour la décoration).
- Passez le tout au mixeur pour obtenir un mélange homogène. Rectifiez l'assaisonnement si nécessaire.
- Préchauffez le four à 200°C.
- Pendant ce temps, coupez des mouillettes de pain. Beurrez-les et saupoudrez-les de parmesan.
- Faites-les ensuite gratiner au four pendant 8 minutes à 200°C.
- Servez la soupe bien chaude dans des assiettes creuses, accompagnée des mouillettes gratinées au parmesan.

BON À SAVOIR

Idéalement, cette recette doit être dégustée dès sa préparation. En effet, les épinards sont des légumes qu'il ne faut pas réchauffer, au risque de voir apparaître des nitrites.

4 PERSONNES

TEMPS TOTAL : 30 MINUTES

Purée de patates douces et de potimarron

Ingrédients

POUR LA PURÉE

300 g de patates douces

300 g de potimarron

150 g de noix de cajou

1 filet d'huile de sésame

1 oignon rouge

Sel et poivre

POUR LA DÉCORATION

Mon mélange d'épices dukkah (voir p.168)

Étapes

- Épluchez les patates douces, épépinez le potimarron et coupez le tout en morceaux. Faites de même avec l'oignon.
- Grillez vos noix de cajou très rapidement à sec dans une poêle bien chaude afin de les colorer.
- Placez les patates douces, le potimarron, l'oignon et les noix de cajou grillées dans un cuit-vapeur et faites cuire une vingtaine de minutes, jusqu'à ce que la pointe d'un couteau pénètre facilement les légumes. Conservez l'eau de cuisson.
- Mixez petit à petit et ajoutez un peu d'eau de cuisson, au besoin, pour obtenir une purée lisse.
- Salez et poivrez. Ajoutez un filet d'huile de sésame et une pincée de mon mélange d'épices comme touche finale.

BON À SAVOIR

La patate douce a des bienfaits intéressants : riche en bêtacarotène, elle est idéale pour la peau, tout en ayant un goût sucré qui plaît souvent aux enfants. N'hésitez pas à varier les courges pour cette purée.

03

4 PERSONNES

TEMPS TOTAL : 40 MINUTES

Risotto de chou-fleur, fricassée de champignons et sauce crue

Ingrédients

POUR LE RISOTTO

- 300 g de riz arborio
- 50 g de parmesan
- 1 c. à soupe de bouillon de légumes en poudre (ou 1 cube)
- 2 verres de vin blanc sec
- 1 petit chou-fleur
- 300 g de champignons
- 3 c. à café d'huile d'olive
- 1 oignon
- 1 gousse d'ail et demie

POUR LA SAUCE CRUE

- ½ botte de persil plat
- ½ botte de coriandre
- 8 c. à soupe d'huile d'olive
- Jus et zeste d'1 citron vert
- Fleur de sel
- 1 petit piment rouge haché très finement
- Sel et poivre

Étapes

- Dans une casserole, portez l'eau à ébullition avec la poudre de bouillon.
- Épluchez et coupez finement l'oignon et l'ail. Faites blanchir l'oignon avec un peu d'huile dans une sauteuse. Ajoutez l'ail et mélangez bien. Ajoutez le riz et mélangez le tout à feu moyen. Une fois les grains de riz translucides, ajoutez-y le vin. Recouvrez et laissez cuire jusqu'à ce que le vin se soit évaporé.
- Pendant ce temps, détachez les fleurettes de chou-fleur et lavez-les. Faites-les cuire 5 minutes à la vapeur ou dans une casserole d'eau bouillante. Sortez-les et réservez.
- Nettoyez et coupez les champignons en cubes. Dans une poêle, faites revenir l'ail écrasé, le chou-fleur et les champignons avec un filet d'huile d'olive. Salez et poivrez.
- Revenez à votre risotto : ajoutez une louche de bouillon sans cesser de mélanger délicatement. Attendez que tout le bouillon soit absorbé par le riz avant d'ajouter une autre louche.
- Après 20 minutes de cuisson, goûtez votre riz : celui-ci ne doit plus être croquant mais cuit. Si ce n'est pas le cas, mouillez-le à nouveau. N'hésitez pas à garder quelques légumes pour la décoration. Après la dernière louche et lorsque cette dernière aura presque entièrement été absorbée, ajoutez les légumes et le parmesan râpé. Mélangez bien et prolongez la cuisson de quelques minutes.
- Mélangez à nouveau bien le tout. Coupez le feu et préparez la sauce crue. Pour ce faire, mélangez dans un bol les herbes hachées, le jus et le zeste de citron vert, l'huile d'olive, la fleur de sel et le piment rouge (si vous le souhaitez).
- Servez le risotto dans des assiettes creuses, ajoutez un peu de légumes cuits et nappez de sauce crue.

4 PERSONNES

TEMPS TOTAL : 35 MINUTES

03

Pâtes au pesto de poivrons jaunes et aux brocolis

Ingrédients

POUR LES PÂTES AU PESTO

500 g de pâtes

150 g de noix de cajou non salées

70 g de parmesan

3 poivrons jaunes

1 c. à café de miel

Jus de citron

1 gousse d'ail

Thym

Sel et poivre

POUR LA DÉCORATION

1 brocoli

Étapes

- Coupez les poivrons en deux et éliminez-en les pépins.
- Placez-les dans votre cuit-vapeur avec l'ail et faites cuire 15 minutes.
- Faites de même avec le brocoli. Veillez à bien le refroidir sous l'eau froide une fois cuit afin de fixer sa couleur verte.
- Enlevez la peau du poivron (cuite, elle devrait s'enlever rapidement) et laissez refroidir.
- Pendant ce temps, râpez le parmesan, faites griller la moitié des noix de cajou pour le goût et laissez refroidir.
- Dans un blender, mettez les poivrons, l'ensemble des noix de cajou, le miel, l'ail et le parmesan. Salez et poivrez. Ajoutez un filet de jus de citron et d'huile d'olive, et mixez l'ensemble jusqu'à l'obtention d'une consistance homogène.
- Faites cuire les pâtes en suivant les indications du fabricant. Égouttez-les, mélangez-les au pesto de poivrons et servez. Parsemez de quelques noix de cajou concassées pour la décoration et, pour le croquant, parsemez de têtes de brocoli.

BON À SAVOIR

Au début de l'hiver, les poivrons sont encore présents. Pour les autres saisons, n'hésitez pas à les remplacer par des tomates séchées, réhydratées dans l'eau chaude.

4 PERSONNES

TEMPS TOTAL : 20 MINUTES

Burger de poisson pané, sauce tartare maison

Ingrédients

POUR LE BURGER

- 4 pains à burger
- 4 pavés de saumon
- 100 g de chapelure panko
- 100 g de chapelure complète
- 1 c. à soupe de paprika fumé
- 2 œufs entiers
- 100 g de farine
- 4 tranches de fromage au fenugrec
- Salade du moment
- Sel, poivre et huile d'olive

POUR LA SAUCE

- 5 c. à soupe de mayonnaise maison
- 3 c. à soupe de yaourt nature
- 4 cornichons
- 1 c. à soupe de câpres
- 1 c. à café de persil haché
- 1 c. à café d'estragon haché

Étapes

- Préparez la sauce : coupez les cornichons finement puis ajoutez le reste des ingrédients. Mélangez bien jusqu'à l'obtention d'une sauce homogène.
- Dans une assiette, mélangez les chapelures avec le paprika. Dans une autre, versez la farine. Dans un bol, cassez et battez les œufs.
- Assaisonnez de sel fin les deux faces du saumon. Détaillez des morceaux réguliers de poisson, tout en veillant à ce que les découpes ne dépassent pas la taille du pain à burger. Vos morceaux doivent faire environ 8 à 9 centimètres de longueur.
- Roulez les pavés de saumon dans la farine, puis dans l'œuf et enfin dans le mélange de chapelure.
- Faites chauffer un généreux filet d'huile d'olive dans une poêle antiadhésive, déposez-y délicatement les morceaux de poisson. Laissez cuire tout doucement jusqu'à ce que la panure soit bien dorée. Retournez à mi-cuisson de façon à faire dorer l'autre côté, toujours à feu moyen.
- Coupez les pains à burger en deux, faites-les griller puis tartinez-les de sauce tartare. Déposez un peu de salade, le pavé de saumon cuit, une tranche de fromage et refermez. Servez aussitôt, accompagné d'une salade ou de pommes de terre rôties.

BON À SAVOIR

Une belle alternative pour un burger sans viande. Variez les poissons et privilégiez ceux issus de la pêche durable.

03

4 PERSONNES

TEMPS TOTAL : 35 MINUTES

Bouillon de céleri-rave et céleri vert, saucisses de Morteau

Ingrédients

4 saucisses de Morteau

360 g de céleri-rave

360 g de céleri vert

360 g de pommes de terre

1 botte de persil plat

1 gousse d'ail

1 échalote

1 c. à soupe de bouillon en poudre

Sel, poivre et huile d'olive

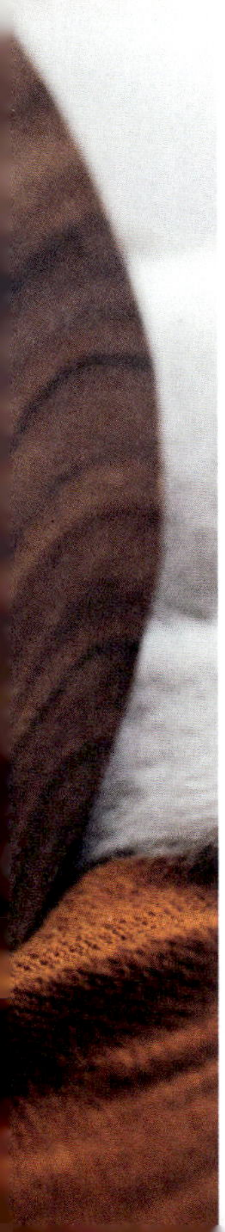

Étapes

- Épluchez et taillez les pommes de terre ainsi que le céleri-rave en petits dés de 5 millimètres d'épaisseur.
- Détachez les côtes du céleri les unes des autres, puis coupez-les au ras des feuilles. Pelez chaque branche à l'économe pour supprimer les fils désagréables en bouche, puis taillez les branches en petits dés. Épluchez et ciselez l'ail et l'échalote. Lavez et hachez le persil.
- Retirez la peau des saucisses de Morteau. Dans une cocotte, faites-les revenir dans un filet d'huile d'olive. Retirez-les puis coupez-les en demi-lunes.
- Dans la même cocotte, faites revenir l'échalote jusqu'à ce qu'elle soit translucide. Ajoutez l'ail et l'ensemble des légumes. Laissez cuire 2 minutes à feu moyen-vif, puis couvrez d'eau jusque 2 centimètres au-dessus du niveau des légumes. Salez, poivrez et ajoutez le bouillon. Laissez mijoter à petits frémissements durant 10 à 15 minutes. Les légumes doivent être juste cuits.
- Ajoutez les morceaux de saucisses fumées. Prolongez la cuisson de 2 à 3 minutes.
- Servez une bonne louche de légumes avec le bouillon et les morceaux de saucisses. Parsemez de persil ciselé et dégustez bien chaud.

BON À SAVOIR

Ce bouillon peut être revisité en variant les légumes (carottes, betteraves, navets...). Ajoutez quelques herbes et le tour est joué.

04

Hiver

En hiver, on ose les repas chaleureux, les mythiques mijotés ou gratinés, et même des recettes à déguster sur le pouce, sous un bon plaid !

Cn vous ouvre notre carnet de recettes d'hiver qui mettent du baume au cœur.

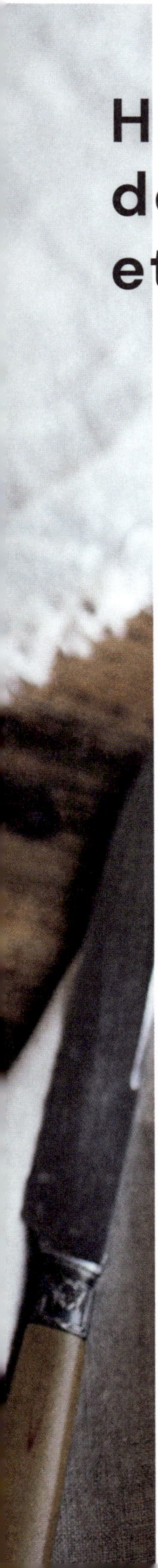

4 PERSONNES

TEMPS TOTAL : 45 MINUTES

Hachis parmentier de veau, potimarron et pommes de terre

Ingrédients

POUR LE HACHIS

2 oignons rouges

400 g de haché de veau

¼ de cube de bouillon

1 gousse d'ail

1 filet d'huile d'olive

Sel et poivre

POUR LA PURÉE

½ potimarron épépiné

2-3 pommes de terre

30 g de beurre

1 œuf

1 verre de lait entier

1 c. à soupe d'huile de sésame

3 c. à soupe de graines de sésame

Étapes

- Préchauffez le four à 180°C.
- Coupez le potimarron en deux et (si nécessaire) épépinez-le. Si vous l'achetez bio, il n'est pas nécessaire de l'éplucher. Coupez-le en gros morceaux. Épluchez et coupez également vos pommes de terre.
- Faites cuire le tout à la vapeur ou dans une casserole d'eau salée. Pendant ce temps, épluchez l'ail et l'oignon et émincez-les finement.
- Faites-les revenir dans un peu d'huile d'olive jusqu'à ce qu'ils soient tendres. Ajoutez-y le haché de veau, le cube de bouillon et laissez cuire une dizaine de minutes à feu moyen.
- Une fois les légumes cuits, enlevez l'eau de cuisson. Ajoutez le beurre et le reste des ingrédients et réduisez grossièrement en purée.
- Dans un plat allant au four, déposez le haché et recouvrez de purée. Saupoudrez de chapelure et de graines de sésame. Versez ensuite un filet d'huile de sésame. Enfournez 20 minutes puis passez en mode grill quelques minutes pour colorer la purée. Vous pouvez servir !

BON À SAVOIR

C'est une recette idéale pour favoriser les viandes aux goûts plus forts comme l'agneau et ainsi éveiller les enfants aux goûts plus prononcés.

Le sésame, quant à lui, apporte son petit goût torréfié tout en étant l'une des graines les plus riches en calcium.

4 PERSONNES

TEMPS TOTAL : 35 MINUTES

Jambon snacké, lentilles aux choux de Bruxelles et crème moutardée

Ingrédients

2 tranches de jambon d'1 cm d'épaisseur

1 gros oignon jaune

600 g de choux de Bruxelles

320 g de lentilles vertes précuites et égouttées

1 branche de thym

240 ml de crème fraîche ou de crème de soja

Moutarde

1 c. à café de noix de muscade

Beurre

Persil frais (pour la décoration)

Sel et poivre

Étapes

- Épluchez et ciselez l'oignon finement. Nettoyez les choux de Bruxelles. Rincez les lentilles.
- Faites cuire les choux de Bruxelles pendant 8 minutes dans de l'eau légèrement salée. Égouttez et rincez à l'eau froide. Laissez-les bien égoutter. Faites revenir l'oignon dans une poêle avec une noix de beurre jusqu'à ce qu'il soit translucide. Ajoutez les choux de Bruxelles cuits et coupés en deux, l'ail écrasé et le thym. Faites cuire 2 minutes puis versez un fond d'eau.
- Ajoutez alors les lentilles vertes précuites et rincées. Couvrez la casserole et laissez cuire quelques minutes à feu moyen pour réchauffer les lentilles.
- Pendant ce temps, préparez la sauce. Dans une sauteuse, faites chauffer la crème avec la moutarde (entre 2 et 4 cuillères à soupe selon vos goûts), salez et poivrez. Laissez cuire 4 minutes.
- Dans une poêle chaude, déposez une noix de beurre et colorez vivement et rapidement le jambon sur les deux faces. Débarrassez-le (enlevez le gras) et coupez-le en lanières.
- Dressez la sauce sur les assiettes, ajoutez les lentilles et les morceaux de jambon snackés aux choux de Bruxelles.

BON À SAVOIR

Les lentilles sont extrêmement riches en fer et en vitamine B9. Si vous n'aimez pas les choux de Bruxelles, vous pouvez opter pour une variante avec des carottes.

04

4 PERSONNES

TEMPS TOTAL : 35 MINUTES

Cookies à la clémentine, au cacao cru et à la poudre de noisettes

Ingrédients

200 g de poudre de noisettes

150 g de farine

150 g de beurre
ou d'huile de coco

80 g de sucre de canne

50 g de poudre de cacao cru

1 œuf et 1 jaune d'œuf

Zeste d'une clémentine

2-3 clémentines bio

1 c. à soupe de jus de clémentine

1 pincée de sel

Étapes

- Préchauffez le four à 180°C.
- Coupez les clémentines en fines tranches et disposez-les sur un linge pour absorber l'humidité.
- Préparez les cookies : mélangez le beurre et le sucre puis ajoutez l'œuf. Ajoutez ensuite la farine, la poudre de noisettes, le cacao cru, le jus de clémentine et le sel. Mélangez afin de former une pâte homogène. Terminez en ajoutant les zestes à la pâte.
- Formez des boules que vous aplatissez légèrement.
- Badigeonnez les cookies de jaune d'œuf, déposez une tranche de clémentine sur chacun d'entre eux puis saupoudrez de sucre.
- Enfournez 15 à 20 minutes dans le four préchauffé.

BON À SAVOIR

La poudre de noisettes apporte de la texture et du moelleux. Idéalement, il faut torréfier les noisettes au four ou à la poêle afin d'en libérer les arômes. La poudre de noisette peut être remplacée par de la poudre d'amande ou de noix de cajou.

04

4 PERSONNES

TEMPS TOTAL : 40 MINUTES

Rosbif et stoemp aux carottes

Ingrédients

POUR LE ROSBIF

- 720 g de rosbif
- 2 gousses d'ail
- 1 oignon
- 1 feuille de laurier
- 1 noix de beurre
- Sel, poivre et huile d'olive

POUR LE STOEMP

- 4 navets
- 8 carottes
- 4 pommes de terre
- 1 c. à soupe de bouillon en poudre
- Thym

Étapes

- Préchauffez le four à 180°C.
- Épluchez une des gousses d'ail. Salez et poivrez le rosbif, puis entaillez-le et insérez l'ail. Dans une poêle avec une noix de beurre, colorez-le sur toutes ses faces à feu vif. Une fois le four chaud, placez votre rosbif dans un plat allant au four et laissez cuire pendant 25 minutes.
- Pendant ce temps, préparez le stoemp : épluchez et taillez grossièrement les légumes (si les carottes sont bio, il n'est pas nécessaire de les éplucher). Épluchez et ciselez l'oignon et l'autre gousse d'ail. Dans une casserole, faites revenir l'oignon et l'ail dans une noix de beurre jusqu'à ce qu'ils soient translucides. Ajoutez les légumes et laissez cuire quelques minutes. Mouillez à hauteur des légumes avec le bouillon et de l'eau. Ajoutez le thym et la feuille de laurier puis laissez cuire à couvert 15 à 20 minutes. Enlevez le couvercle et prolongez la cuisson de 5 minutes. Vérifiez la cuisson en goûtant et ajoutez un peu d'eau si nécessaire.
- Récupérez le rosbif, gardez bien le jus de cuisson. Tranchez-le finement.
- Écrasez grossièrement les légumes dans leur jus de cuisson.
- Dressez le stoemp dans l'assiette, ajoutez 2 à 3 fines tranches de rosbif et versez un filet de jus de cuisson par-dessus.

BON À SAVOIR

Il s'agit là d'un plat typique de notre pays.

N'hésitez pas à varier les légumes en utilisant des chicons, des épinards, des poireaux... Côté viande, si vous n'avez pas le temps, optez pour une tranche de jambon cuit de qualité.

04

4 PERSONNES

TEMPS TOTAL : 35 MINUTES

Casarecce aux champignons persillés et tomates confites, pavé de saumon

Ingrédients

4 pavés de saumon

360 g de casarecce fraîches

350 g de champignons bruns

125 g de shiitakés

6 à 8 tomates confites

1 oignon jaune

2 gousses d'ail

1 botte de persil frisé

Sel, poivre et huile d'olive

Étapes

- Préchauffez votre four à 180°C .
- Portez une casserole d'eau à ébullition. Émincez l'oignon et écrasez l'ail, ou hachez-le finement.
- Coupez les tomates confites en petits morceaux.
- Faites cuire les casarecce 1 minute de moins que le temps indiqué par le fabriquant. Récupérez une louche d'eau de cuisson pour l'utiliser plus tard. Égouttez et réservez sans couvercle avec un filet d'huile d'olive.
- Mixez les champignons bruns pour les réduire en tout petits morceaux.
- Placez le saumon dans un plat allant au four et enfournez pendant 10 minutes.
- Dans une poêle avec un filet d'huile d'olive, faites revenir les oignons jusqu'à ce qu'ils soient translucides. Ajoutez l'ail en purée et les shiitakés. Laissez cuire 3 minutes, puis ajoutez les champignons bruns finement coupés et les tomates confites. Laissez cuire quelques minutes. Salez, poivrez puis goûtez.
- Ajoutez les casarecce cuites dans la poêle avec la louche d'eau de cuisson et mélangez bien.
- Au moment de servir, ajoutez le persil finement ciselé et mélangez à nouveau. Servez les pâtes avec le dos de saumon.

BON À SAVOIR

Cette recette rapide convient parfaitement pour un batch-cooking. Vous pouvez remplacer le pavé de poisson par une côte de porc cuite au beurre.

04

4 PERSONNES

TEMPS TOTAL : 25 MINUTES

Salade d'hiver au halloumi

Ingrédients

POUR LA SALADE

250 g de mâche

2 chicons

1 poignée de noix

Quelques feuilles de radicchio

2 pommes de terre cuites

100 g de jeunes pousses d'épinards

1 pomme

200 g de halloumi

Sel et poivre

POUR LA VINAIGRETTE

1 c. à soupe de moutarde maison

3 c. à soupe d'huile d'olive

1 c. à café de miel

1 c. à soupe de vinaigre balsamique blanc

Étapes

- Préchauffez votre four à 160°C. Disposez les noix dans un plat qui peut aller au four puis faites-les griller pendant 10 à 15 minutes en remuant de temps en temps.
- Dans un saladier, disposez les feuilles de mâche, de radicchio, d'épinards et les chicons émincés.
- Coupez les pommes de terre et la pomme en dés et ajoutez-les à la salade. Concassez les noix et ajoutez-les également.
- Coupez le halloumi en tranche d'1 centimètre d'épaisseur et faites revenir à feu moyen-vif pendant 4 à 5 minutes en retournant à mi-cuisson. Ajoutez un peu d'huile si besoin.
- Préparez la vinaigrette en mélangeant l'ensemble des ingrédients.
- Émulsionnez le tout à la cuillère puis arrosez-en généreusement votre salade.

BON À SAVOIR

Le halloumi est un fromage originaire de l'île de Chypre. Il est fait à base de lait de brebis ou de chèvre et se distingue des autres fromages par sa texture élastique et sa capacité à ne pas fondre à la cuisson.

04

4 PERSONNES

TEMPS TOTAL : 20 MINUTES

Gnocchis, crème de chicons et graines de fenouil

Ingrédients

800 g de gnocchis

1 oignon jaune

6 chicons

400 ml de crème végétale

1 c. à soupe de graines de fenouil

1 gousse d'ail

1 c. à soupe de bouillon en poudre

1 c. à soupe de sucre

100 g de parmesan

Sel, poivre et huile d'olive

Étapes

- Épluchez et émincez l'oignon et l'ail. Coupez la base des chicons, enlevez le cœur dur et effeuillez-les.
- Dans une casserole à fond épais, faites chauffer un filet d'huile d'olive. Ajoutez les graines de fenouil et laissez cuire 1 minute. Ensuite, ajoutez l'oignon émincé et faites cuire à feu moyen jusqu'à ce qu'il soit translucide.
- Ajoutez les feuilles de chicons, l'ail et faites blondir doucement. Saupoudrez d'un peu de sucre. Une fois colorés, versez un filet d'eau jusqu'à mi-hauteur des chicons afin de les mouiller et d'éviter qu'ils ne se colorent trop et brûlent. Ajoutez le bouillon. Couvrez et laissez cuire 10 à 15 minutes. Arrosez de crème végétale, salez et poivrez.
- Dans une autre poêle, faites chauffer un trait d'huile d'olive à feu moyen-vif.
- Faites dorer les gnocchis pendant 6 à 8 minutes. Ne les retournez pas trop souvent pour qu'ils aient le temps de brunir.
- Servez le crémeux de chicons dans le fond d'une assiette creuse, posez les gnocchis poêlés dessus et saupoudrez de parmesan râpé.

BON À SAVOIR

Les graines de fenouil apportent un petit goût anisé qui fait toute la subtilité de l'assiette. C'est une recette rapide qui peut varier en fonction de vos envies avec des épinards, des blettes ou en utilisant une crème végétale comme alternative pour un plat sans lactose.

4 PERSONNES

TEMPS TOTAL : 50 MINUTES

04

Gâteau aux pommes, crème au mascarpone et purée de noisettes

Ingrédients

POUR LE GÂTEAU

- 6 œufs
- 300 g de purée d'amandes
- 200 g de sucre de canne
- 300 g de farine
- 3 grosses pommes

POUR LE DÉCOR BLANC

- 250 g de mascarpone
- 150 g de noisettes
- 50 à 100 ml de crème fraîche

Étapes

- Préchauffez votre four à 180°C. Profitez du préchauffage pour faire griller vos noisettes.
- Dans un cul de poule, fouettez les œufs avec le sucre de canne jusqu'à ce que le mélange blanchisse. Ajoutez-y la purée d'amandes et la farine, et mélangez jusqu'à obtenir un résultat homogène.
- Pelez vos pommes et coupez-les en petit dés d'1 centimètre d'épaisseur.
- Huilez et farinez votre moule s'il n'est pas en silicone, pour éviter que le gâteau ne colle après cuisson. Versez la moitié de la préparation, disposez des morceaux de pommes puis recouvrez avec le reste de pâte. Enfournez pour 45 minutes à 1 heure en fonction de votre four. Le gâteau doit être doré. Pour vérifier la cuisson, piquez le gâteau avec une pique à brochette. Si elle ressort sèche, votre gâteau est cuit.
- Pendant ce temps, préparez la décoration. Récupérez les noisettes grillées et retirez la pellicule brune. (Petite astuce : mettez les noisettes grillées dans un essuie propre. Refermez-le puis malaxez l'ensemble pour dissocier la peau des noisettes.)
- Mixez les noisettes ensemble jusqu'à obtenir une purée lisse.
- Dans le bol de votre mixeur, avec l'ustensile fouet, mélangez le mascarpone avec la crème. Ajoutez petit à petit la purée de noisettes.
- Étalez le mélange au mascarpone sur le gâteau, et décorez-le suivant vos envies.

BON À SAVOIR

La purée d'amandes dans le cake remplace le beurre. Si vos enfants sont intolérants, n'hésitez pas à remplacer le mascarpone par de la crème de riz et à utiliser une crème fraîche végétale.

04

4 PERSONNES

TEMPS TOTAL : 30 MINUTES

Biscuits aux flocons d'avoine

Ingrédients

175 g de beurre demi-sel

150 g de sucre de canne blond aromatisé à la vanille

150 g de farine

250 g de flocons d'avoine

1 c. à café de bicarbonate de soude alimentaire

1 œuf

Étapes

- Préchauffez le four à 180°C en chaleur tournante.
- Dans un bol, fouettez le beurre et le sucre à température ambiante jusqu'à ce que le mélange soit homogène et crémeux.
- Ajoutez-y l'œuf et fouettez à nouveau.
- Ajoutez la farine, les flocons d'avoine et mélangez le tout. Façonnez des petites boules et posez-les sur une plaque de cuisson recouverte de papier sulfurisé. Veillez à les espacer suffisamment.
- Aplatissez ensuite les boules avec la paume de la main et enfournez 15 minutes environ (en fonction de votre four).
- Laissez-les tiédir et durcir avant de déguster et conservez-les dans un contenant hermétique.

BON À SAVOIR

Les flocons d'avoine constituent la base de ce biscuit. Ils se distinguent par leur valeur nutritive élevée et par leur capacité à rassasier rapidement.

Cette recette est une base que vous pouvez modifier en ajoutant de la poudre de cacao cru, des raisins secs, des noix...

4 PERSONNES

TEMPS TOTAL : 40 MINUTES

04

Muffins minute à la clémentine

Ingrédients

POUR LES MUFFINS

250 g de fromage frais

3 pots de farine à pâtisserie

2 pots de sucre de canne

½ pot d'huile de coco ou de beurre de coco fondu

1 c. à café de bicarbonate

2 gros œufs

¼ de pot de pistaches décortiquées

Jus fraîchement pressé de 3 clémentines

POUR LE GLAÇAGE

65 g de sucre impalpable

1 c. à café de jus de clémentine

2 c. à café de lait d'amande ou de vache

2 clémentines

Étapes

- Préchauffez votre four à 180°C.
- Dans le bol de votre robot, versez le fromage frais. Conservez le pot d'emballage car il servira de doseur (1 pot = environ 200g).
- Ajoutez les œufs entiers, le sucre et mélangez pendant quelques minutes.
- Ajoutez-y la farine par petites quantités. Versez le bicarbonate et mélangez à nouveau. Ajoutez l'huile de coco ou le beurre de coco fondu et mélangez à nouveau jusqu'à l'obtention d'une pâte homogène.
- Ajoutez le jus de clémentine et mélangez. Vous pouvez maintenant remplir vos moules aux ¾.
- Enfournez pour 17 à 25 minutes (suivant votre four) en chaleur tournante.
- Dans un bol, mélangez tous les ingrédients nécessaires au glaçage. Épluchez ensuite les clémentines. Disposez le glaçage sur les muffins, ajoutez un quartier de clémentine et dégustez.

BON À SAVOIR

La pâte peut se congeler crue, mais les muffins peuvent également se congeler cuits. Dans ce cas, l'idéal est de les repasser au four entre 5 et 10 minutes.

4 PERSONNES

TEMPS TOTAL : 35 MINUTES

Tarte aux poires et aux amandes

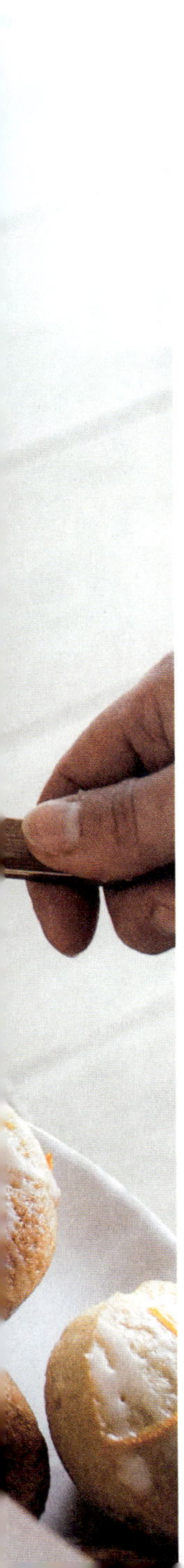

Ingrédients

POUR LA PÂTE

- 240 g de farine
- 1,5 c. à soupe de sucre de canne
- 0,5 c. à café de sel
- 175 g de beurre froid
- Quelques c. à soupe d'eau froide

POUR LA DORURE

- 1 œuf
- 2 à 4 c. à soupe de lait

POUR LA GARNITURE

- 4 poires
- 75 g de poudre d'amandes
- 1 c. à soupe de farine
- 2 c. à soupe de sucre de canne
- 1 œuf
- 1 citron jaune

Étapes

- Préparez la pâte en mélangeant tous les ingrédients dans le bol de votre robot, jusqu'à l'obtention d'une pâte lisse et homogène. Couvrez-la d'un film plastique et placez-la au frigo pendant 1 heure.
- Préparez la garniture en battant le beurre avec le sucre. Ajoutez la poudre d'amandes, l'œuf et la farine, et mélangez jusqu'à l'obtention d'une crème lisse.
- Étalez la pâte sur un plan de travail fariné. Disposez la crème de la garniture au centre en laissant un bord vide de 3 centimètres.
- Coupez finement les poires. Arrosez-les avec le jus de citron pour éviter qu'elles ne brunissent. Disposez les poires sur la garniture, et rabattez les bords de la pâte sur celles-ci.
- Dans un petit pot, mélangez l'œuf avec le lait et badigeonnez les bords de la tarte. Saupoudrez les bords de sucre de canne et placez la tarte au frigo pendant 15 minutes.
- Préchauffez le four à 180°C et enfournez la tarte pendant 30 minutes.
- Dégustez votre tarte tiède ou froide, avec ou sans boule de glace !

BON À SAVOIR

La pâte peut être réalisée à l'avance et se congèle facilement. Vous pouvez varier les fruits suivant la saison, pommes en automne et hiver, pêches et abricots en été.

04

4 PERSONNES

TEMPS TOTAL : 25 MINUTES

Mousse au chocolat et à la pomme

Ingrédients

POUR LA MOUSSE

150 g de chocolat noir à 75 % de cacao

4 blancs d'œufs

1 pincée de sel

80 ml de jus de pomme

2 pommes

POUR LA DÉCORATION

Dés de pommes

Étapes

- Faites fondre le chocolat au bain-marie.
- Pendant ce temps, cassez les œufs et battez-les en neige. Ajoutez la pincée de sel.
- Incorporez petit à petit le chocolat fondu dans les blancs d'œufs. Faites de même avec le jus de pomme. Mélangez délicatement à l'aide d'une spatule sans casser les blancs en neige.
- Épluchez et taillez la pomme en petit dés de 3 millimètres d'épaisseur. Incorporez les dés de pomme à la préparation.
- Versez le mélange dans des contenants en verre et placez-les au frigo pour au moins 4 heures.
- Avant de servir, vous pouvez saupoudrer les mousses au chocolat de poudre de cacao cru, de noix, d'amandes ou de noisettes concassées.

BON À SAVOIR

Le jus de pomme apporte un côté plus léger à la mousse. Vous pouvez varier en mettant du jus et des zestes d'orange dans la préparation.

4 PERSONNES

TEMPS TOTAL : 30 MINUTES

Smoothie banane-kiwi

Ingrédients

2 kiwis bien mûrs

200 ml de lait végétal au choix ou de lait de vache

2 c. à soupe de yaourt

1 banane mûre congelée

2 c. à soupe de sucre de canne

Étapes

- Récupérez la chair des kiwis.
- Dans un blender, versez le yaourt et le lait. Ajoutez les fruits, puis le sucre. Mixez à toute puissance pendant 30 secondes.
- Servez dans de grands verres.

BON À SAVOIR

N'hésitez pas à varier les laits en choisissant par exemple du lait de vache, de brebis ou de chèvre.

Pour les enfants, il faut être vigilant à leur apporter assez de calcium pour la journée : s'ils n'ont pas d'intolérance au lactose, le lait de vache est un chouette apport en calcium.

4 PERSONNES

TEMPS TOTAL : 30 MINUTES

Pizza minute ricotta, jambon fumé, butternut et sauge

Ingrédients

1 pâte à pizza

125 g de ricotta

½ courge butternut

2 tranches de jambon fumé

4 feuilles de sauge

1 oignon rouge

1 gousse d'ail

Sel, poivre et huile d'olive

Étapes

- Coupez la butternut en deux, épépinez-la puis coupez des tranches extrêmement fines de 2-3 millimètres d'épaisseur.
- Dans une casserole, versez 4 cuillères à soupe d'huile d'olive. Ajoutez-y aussi les feuilles de sauge pour qu'elles infusent l'huile, et faites chauffer pendant 3 à 4 minutes.
- Dans un bol, mélangez la ricotta avec 1 cuillère à soupe d'huile à la sauge.
- Épluchez et émincez l'oignon et l'ail à l'aide d'une mandoline.
- Étalez la pâte à pizza sur un plan de travail fariné. Badigeonnez les bords de la pizza avec l'huile à la sauge. Tartinez de ricotta.
- Disposez les lamelles de butternut, que vous badigeonnez également d'un peu d'huile à la sauge. Ajoutez quelques rondelles d'oignon rouge et d'ail ainsi que les tranches de jambon fumé.
- Enfournez une vingtaine de minutes dans un four préchauffé à 180°C.
- Servez avec une salade du moment.

BON À SAVOIR

Quelques aromates dans de bonnes huiles suffisent à rendre un plat magique. L'huile aromatisée sera également parfaite sur des spaghettis à l'ail et au parmesan.

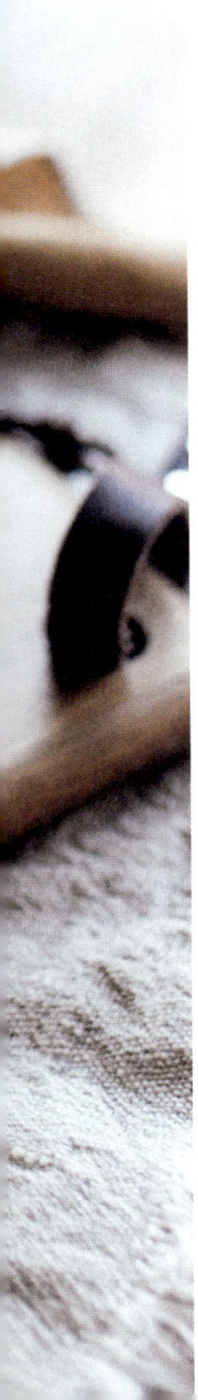

04

4 PERSONNES

TEMPS TOTAL : 20 MINUTES

Croque-monsieur revisité

Ingrédients

10 à 12 tranches de pain ou des pains ciabatta

4 à 6 poireaux

2 fromages de chèvre frais

1 c. à soupe de moutarde à l'ancienne

1 gousse d'ail

6 tranches de lard fumé (facultatif)

Salade du moment, de type pourpier

Sel, poivre et huile d'olive

Étapes

- Lavez les poireaux. Coupez-les en quatre dans le sens de la longueur, puis émincez-les finement.
- Faites-les revenir dans une poêle avec un filet d'huile d'olive (ou du beurre) ainsi que l'ail écrasé, jusqu'à ce qu'ils soient cuits.
- Pendant ce temps, coupez le lard en lamelles, ajoutez aux poireaux et poursuivez la cuisson.
- Quand les poireaux sont cuits, ajoutez la moutarde et mélangez le tout.
- Tartinez les tranches de pain avec le fromage de chèvre, déposez un peu de la préparation aux poireaux.
- Servez avec une salade du moment de type pourpier et une vinaigrette au miel et à la moutarde.

BON À SAVOIR

J'ai toujours reproché au croque-monsieur son absence de légume : avec cette recette, j'aime bien l'idée d'une tombée de poireaux à la moutarde pour apporter de la gourmandise et un peu de vert.

4 PERSONNES

TEMPS TOTAL : 30 MINUTES

Soupe aux champignons et mouillettes au parmesan

Ingrédients

POUR LA SOUPE

- 500 g de champignons bruns
- 2 pommes de terre
- 1 oignon jaune
- 2 gousses d'ail
- 1 blanc de poireau
- 1 c. à soupe de dukkah (voir p. 168)
- 1 c. à soupe de bouillon
- Sel, poivre et huile d'olive

POUR LES MOUILLETTES

- 4 tranches de pain
- 50 g de parmesan râpé

Étapes

- Préchauffez le four à 200°C. Conservez quelques champignons pour la décoration.
- Dans une cocotte, faites revenir pendant quelques minutes l'oignon et l'ail émincés dans un peu d'huile. Ajoutez les champignons, les pommes de terre épluchées et découpées en morceaux et le poireau coupé en tronçons.
- Mouillez à hauteur avec l'eau et le bouillon, salez, poivrez et ajoutez un peu de dukkah. Laissez cuire 20 minutes puis mixez. N'hésitez pas à ajouter un peu d'eau pour obtenir la consistance souhaitée.
- Pendant la cuisson de la soupe, taillez les champignons de décoration en lamelles et enrobez-les d'huile d'olive. Disposez les champignons et le parmesan sur le pain. Passez le tout au four jusqu'à ce que le parmesan soit fondu et croustillant, et que les champignons soient grillés.
- Tranchez le pain en lamelles pour faire des mouillettes.
- Servez la soupe bien chaude dans de larges bols et saupoudrez de dukkah. Disposez quelques tranches de champignons grillés et accompagnez de petits soldats.

BON À SAVOIR

Le champignon est léger et excellent pour la santé grâce à sa richesse en fibres et en vitamines. Mais attention : il se mange uniquement frais ! En effet, réchauffer des champignons altère leur goût et les rend plus difficiles à digérer.

04

4 PERSONNES

TEMPS TOTAL : 25 MINUTES

Hot-dogs revisités : compote de pommes, boudins blancs et oignons caramélisés

Ingrédients

4 boudins blancs

4 c. à soupe de compote de pommes

1 c. à soupe de vinaigre de pomme

4 carrés de pâte feuilletée

2 oignons jaunes

1 œuf

1 noix de beurre

Étapes

- Préchauffez le four à 180°C.
- Épluchez et coupez l'oignon jaune en lamelles.
- Dans une casserole, faites caraméliser les oignons dans une bonne noix de beurre jusqu'à ce qu'ils soient cuits et dorés. Ajoutez le vinaigre de pomme et réservez.
- Déroulez vos carrés de pâte feuilletée. Badigeonnez généreusement de compote, mettez une cuillère à soupe d'oignons et déposez un boudin. Refermez le feuilleté.
- Dans un bol, mélangez le jaune d'œuf en ajoutant un filet d'eau. Badigeonnez les feuilletés pour qu'ils puissent dorer lors de la cuisson.
- Enfournez pendant 15 minutes, jusqu'à ce que les feuilletés soient bien dorés.
- Accompagnez d'une salade verte assaisonnée de la vinaigrette de votre choix.

BON À SAVOIR

Si vous n'avez pas de pâte feuilletée, faites griller les boudins à la poêle et optez pour un sandwich au lait.

On peut également réaliser son hot-dog avec du boudin noir.

4 PERSONNES

TEMPS TOTAL : 40 MINUTES

Bâtonnets de quinoa à la betterave, sauce au yaourt

Ingrédients

POUR LES BÂTONNETS

- 160 g de quinoa
- 280 g de betterave cuite
- 1 petit oignon
- 40 g de parmesan
- 1 œuf
- 3 c. à soupe de farine
- 1 c. à soupe et demie de bouillon de légumes en poudre
- Quelques herbes : persil, coriandre…
- Huile d'olive
- Eau

POUR LA SAUCE

- Sauce yaourt (voir p.169)
- 1 c. à café de tahini

Étapes

- Préchauffez le four à 180°C.
- Épluchez et émincez l'oignon. Faites-le revenir dans un filet d'huile d'olive jusqu'à ce qu'il soit translucide.
- Rincez le quinoa 2 à 3 fois puis ajoutez-le à l'oignon. Couvrez d'eau et ajoutez la poudre de bouillon. Faites cuire le temps indiqué par le fabricant. Une fois cuit, égouttez-le à l'aide d'un chinois ou d'une fine passoire, et réservez.
- Râpez le parmesan, hachez finement les herbes, épluchez et râpez la betterave.
- Dans un saladier, mélangez le quinoa avec l'œuf battu, le parmesan et la betterave râpée. Placez le saladier au congélateur environ 10 minutes pour qu'il soit plus facile de former les bâtonnets.
- Une fois votre mélange de quinoa refroidi, formez des petits bâtons d'environ 6 centimètres de long sur 1 centimètre d'épaisseur.
- Placez les bâtonnets sur du papier sulfurisé et enfournez pendant environ 15 minutes. Je vous conseille de commencer à vérifier à partir de 10 minutes de cuisson : les bâtonnets doivent être légèrement croustillants sur le dessus et tendres à l'intérieur.
- En attendant, préparez la sauce yaourt et ajoutez le tahini. Servez les bâtonnets encore tièdes avec cette sauce d'accompagnement.

4 PERSONNES

TEMPS TOTAL : 20 MINUTES

Fish-sticks à la sauce au yaourt

Ingrédients

POUR LES FISH-STICKS

- 4 filets d'un poisson de votre choix
- 30 g de chapelure
- 1 à 2 œufs
- Farine
- Beurre
- Sel et poivre

POUR LA SAUCE

- Sauce yaourt (voir p.169)
- 1 c. à café de tahini

Étapes

- Préparez la sauce yaourt et ajoutez la cuillère de tahini.
- Préparez le poisson. Coupez-le en lanières d'environ 1 centimètre de large.
- Versez de la farine dans une assiette plate, battez un ou deux œufs dans une assiette creuse, et versez la chapelure dans une troisième assiette.
- Salez et poivrez à votre convenance les filets de poisson des deux côtés. Farinez-les, puis trempez-les dans la préparation à l'œuf avant de les rouler dans l'assiette de chapelure.
- Faites fondre du beurre dans une poêle et faites frire votre poisson pané jusqu'à ce que la panure soit bien dorée.
- Dégustez sans attendre avec la sauce au yaourt.

BON À SAVOIR

Réalisez votre chapelure maison en utilisant du pain rassis. Veillez à ce que le pain soit bien sec, au besoin passez-le au four et laissez-le refroidir. Mixez-le et conservez-le dans un bocal en verre ou une boîte métallique hermétiquement fermée. La chapelure maison se conserve trois mois sans souci et peut être agrémentée d'herbes sèches ou d'épices.

Les basiques

Dukkah

TEMPS TOTAL : **10 MINUTES**

POUR UN BOCAL

1 c. à café de curry - 1 c. à café de curcuma - 1 c. à soupe de pignons de pin - 1 c. à café de sésame - 1 c. à café de graines de cumin - 1 c. à soupe de noix - ½ c. à café de sel

PRÉPARATION

- Dans un poêlon, à sec, faites griller successivement les pignons de pin, le sésame, les noix et les graines de cumin jusqu'à obtenir une belle coloration. Laissez refroidir, puis mélangez-les avec le reste des épices avant de les réduire en poudre avec à l'aide d'un pilon ou par un léger coup de mixeur.
- Saupoudrez vos viandes blanches, vos salades ou vos dips (houmous, guacamole…) de ce mélange.

Sauce au yaourt

TEMPS TOTAL : 5 MINUTES

POUR 4 PERSONNES

300 g de yaourt grec

Jus d'1 citron jaune

½ gousse d'ail écrasée

1 c. à soupe d'huile d'olive

1 c. à soupe de miel

1 bouquet d'herbes ciselées (coriandre, persil plat, persil frisé, aneth...)

PRÉPARATION

- Mélangez l'ensemble des ingrédients.
- Laissez le mélange au frigo pendant au moins 1 heure avant de servir afin que les arômes aient le temps de se libérer.

Purée de noisettes

TEMPS TOTAL : 25 MINUTES

POUR UN BOCAL

200 g de noisettes

3 c. à soupe de yaourt nature

PRÉPARATION

- Préchauffez le four à 200°C.
- Faites griller les noisettes au four pendant une dizaine de minutes.
- Laissez-les refroidir puis émondez-les. (Petite astuce : déposez-les dans un linge propre et sec, refermez le linge et massez pour enlever la peau des noisettes.)
- Mixez les noisettes émondées. Dans un premier temps, vous allez obtenir une poudre - plus vous mixerez, plus cette poudre s'épaissira. Petit à petit, une pâte va se former ; continuez à mixer en faisant des pauses pour préserver votre mixeur et éviter qu'il ne surchauffe. Mixez jusqu'à ce que vous obteniez une pâte assez fluide, huileuse et homogène.

L'index

Salé

Bâtonnets de quinoa à la betterave, sauce au yaourt P.166
Bouillon de céleri-rave et céleri vert, saucisses de Morteau P.128
Boulettes d'épinards, sauce au yaourt P.26
Boulettes de sardines, sauce au yaourt P.16
Brochettes de légumes et de halloumi grillé P.12
Brochettes de poisson, mangue, poivrons et chorizo, marinade au citron et à la coriandre P.74
Brochettes de poulet, bacon et pêches au sirop d'érable P.72
Burger de poisson pané, sauce tartare maison P.126
Cake salé aux poireaux et au potimarron P.110
Casarecce au pesto de roquette, aux pistaches et à la tomme de chèvre P.76
Casarecce aux champignons persillés et tomates confites, pavé de saumon P.140
Côte à l'os, salade de fenouil et de pommes de terre à la ciboulette P.40
Crêpes aux épinards, saumon frais et sauce à l'aneth P.38
Croque-monsieur revisité P.160
Dip d'aubergines fumées et galettes à la farine de pois chiche P.66
Dip de betteraves, feta et mûres P.68
Dip de céleri-rave P.20
Dip de petits pois P.21
Fish-sticks à la sauce au yaourt P.167
Gaspacho d'asperges et toasts à l'ail des ours P.22
Gaufres salées à la feta, aux courgettes et à la menthe, lamelles de poulet P.60
Gnocchis, crème de chicons et graines de fenouil P.144
Hachis parmentier de veau, potimarron et pommes de terre P.132
Hot-dogs revisités : compote de pommes, boudins blancs et oignons caramélisés P.164
Jambon snacké, lentilles aux choux de Bruxelles et crème moutardée P.134
Maïs grillé P.80
Muffins au bacon et aux patates douces, œufs au plat P.50
Œuf cocotte dans un champignon P.62

Œuf en ramequin, crème aux champignons P.114
Pâtes au pesto de poivrons jaunes et aux brocolis P.124
Pizza minute ricotta, jambon fumé, butternut et sauge P.158
Porc effiloché aux abricots, courgettes et riz P.36
Purée de patates douces et de potimarron P.120
Radis sauce chèvre et ciboulette P.56
Risotto de chou-fleur, fricassée de champignons et sauce crue P.122
Rosbif et stoemp aux carottes P.138
Salade de courgettes, noisettes grillées, parmesan
et sa vinaigrette à l'huile de pépins de raisin P.70
Salade de quinoa et de navets, pesto de cresson et brochettes P.24
Salade de tomates cerises, dés de pastèque et huile de sésame P.78
Salade d'hiver au halloumi P.142
Soupe aux champignons et mouillettes au parmesan P.162
Tartines aux asperges et à la feta P.34
Toasts à la purée de poivrons et au rosbif P.28
Toast avocat, dukkah et pousses de betteraves P.112
Tomates farcies au hachis d'agneau P.42
Velouté d'épinards et mouillettes au parmesan P.118
Verrines de thon à l'estragon et légumes croquants P.14

Sucré

Abricots rôtis au miel, crème fouettée coco P.82
Biscuits aux flocons d'avoine P.148
Biscuits aux noix et aux figues séchées P.98
Brioche au lait de noisette et aux pépites de chocolat P.106
Café glacé au sirop d'orgeat P.65
Cocktail de fruits sans alcool, recette de Christopher P.18
Cookies à la clémentine, au cacao cru et à la poudre de noisettes P.136
Crème d'amandes et de figues, pommes et myrtilles P.102
Crêpes d'avoine P.104
Douceur glacée amandes et noix de cajou, avec sa garniture cassis et chocolat P.46
Eau aromatisée à la grenade, feuilles de menthe P.64
Fraises au sirop de rose, yaourt et crumble d'avoine et de pavot P.44
Gâteau à la semoule de maïs et confiture minute de fruits de saison P.52
Gâteau aux pommes, crème au mascarpone et purée de noisettes P.146
Granola maison et yaourt P.108
Milk-shake bananes, châtaignes grillées et cacao cru P.116
Mousse au chocolat et à la pomme P.154
Muffins aux fruits rouges, crumble de noisettes P.30
Muffins minute à la clémentine P.150
Pain et confiture minute aux graines de chia P.96
Pancakes, fraises et purée de noisettes P.58
Pavlova et coulis de framboises P.84
Porridge aux fruits et flocons d'avoine P.103
Salade de fruits, quinoa et lait d'amande P.32
Smoothie banane-kiwi P.156
Tarte aux noix de pécan et aux poires P.100
Tarte aux poires et aux amandes P.152
Yaourt à la noix de coco et coulis de framboises à la menthe P.54

Remerciements

Comme signalé dans notre préface, le mot « ensemble » résonne partout dans cet ouvrage et nous tenons à remercier tout particulièrement les personnes qui ont contribué de près ou de loin à la réalisation de ce livre.

De la part de Meggan / Merci :

à ma famille et à mes amis, merci d'être toujours là, de me soutenir, de m'aiguiller et pour certains, d'être présents dans ce livre.

au Docteur Gosselin pour ses connaissances et sa contribution à la partie « Bon à savoir ».

à Christophe Preaux et à mes enfants pour leur amour et soutien, merci d'avoir tenu le rythme durant ces semaines de préparation et de toujours être les premiers dégustateurs des recettes.

De la part de Lindsay / Merci :

à Marie, ma collaboratrice pour sa créativité et son œil de lynx.

à Laurie pour son regard extérieur et sa relecture.

à Audrey Leunens pour sa relecture et son aide précieuse.

Sans oublier mon compagnon François, ma fille Apolline et ma maman pour sa relecture et son enthousiasme. Mais aussi à l'ensemble de mes proches et de mes amis qui a suivi de près ou de loin ce projet et qui me suit dans toutes mes idées folles de créative.

Nous remercions également Vivi Pham Photography (www.viviphamphotography.com) pour nos jolies photos de portraits.

Merci à Michelle Poskin et aux Éditions Racine pour avoir cru en notre projet, pour nous avoir soutenues et nous avoir permis d'exprimer notre créativité et notre amour des beaux objets papier dans ce projet.

Merci à nos magnifiques partenaires :

Véronique de Lina luxe
qui confectionne du linge de maison en lin de qualité, durable et écoresponsable.

www.linaluxe.com/ - Instagram : @linaluxe_veronique_vermeeren - Facebook : @linaluxelessentiel
info@linaluxe.com - + 32 485 074 902

Kim Verbeke
potière de talent qui travaille la terre autour de lignes épurées, de jeux de textures et d'émail afin de donner de magnifiques céramiques.

www.kimverbeke.com - Insta : @kimverbeke - Facebook : @kimverbekeceramique
atelier@kimverbeke.com

Renaud du magasin Superbien
situé à Ottignies pour son goût très avisé en matière de décoration et d'art de la table.

www.superbien.be - Instagram : @superbienconceptstore - Facebook :@superbienconceptstore
website@superbien.be - +32.10.45.62.15

Laurence de By Lau - Flower's time
qui a créé des bouquets, des centres de tables ou des compositions en fonction de la vaisselle et du linge de table.

www.bylau.be/ - Instagram : @bylau_flowerstime - Facebook : @bylau.be
info@bylau.be - +32 477 73 31 27

Isabelle de Agnès & Thérèse
qui confectionne des coussins, l'accessoire indispensable pour un pique-nique dans l'herbe à la décoration unique et intemporelle.

www.agnestherese.be - Instagram : @agnes.et.therese - Facebook : @agnesettherese
info@agnestherese.be - +32 497 41 39 06

Lina Luxe
Par Véronique Vermeeren

KIM VERBEKE

SUPERBIEN
CONCEPT STORE

BYLAU
FLOWER'S TIME

at
AGNÈS & THÉRÈSE

Textes : Meggan Verschoore - www.fouettmagic.com - www.peps-studio.com

Crédits photographiques : Lindsay Zébier

Concept graphique et mise en page : ID FIRST - www.idfirst.be

-

www.racine.be

Inscrivez-vous à notre newsletter et recevez régulièrement

des informations sur nos parutions et activités.

-

Éditions Racine, Tour & Taxis - Entrepôt Royal

Avenue du Port, 86C / bte 104A

B-1000 Bruxelles

-

1er tirage

D. 2021. 6852. 7

Dépôt légal : juillet 2021

ISBN 978-2-39025-160-6

-

Imprimé en Europe